Editorische Notiz

Der Briefwechsel zwischen den Musikern W und D wird hier unverändert wiedergegeben. Tippfehler und sonstige Irrungen wurden bewusst nicht korrigiert, um die Texte in ihrer Einzigartigkeit nicht zu verfälschen.

Der Herausgeber

Estevão Ribeiro do Espinho wurde 1973 in Rathenow geboren. Weil er es von jeher liebt, einsam seinen Blick über weite Landschaften schweifen zu lassen, wollte er immer schon Lokomotivführer werden. Dieser Berufswunsch wurde ab einem gewissen Alter von seinem Umfeld nicht mehr ernstgenommen. Notgedrungen promovierte er zum Dr. phil und veröffentlicht nun Texte.

Estevão Ribeiro do Espinho (Hrsg.)

Spectators Of Suicide

Briefe

2000 bis 2001

Die Deutsche Nationalbibliothek verzeichnet diese Publikation in der Deutschen Nationalbibliografie; detaillierte bibliografische Daten sind im Internet abrufbar über www.dnb.de.

Herstellung und Verlag:
BoD – Books on Demand, Norderstedt
ISBN 978-3-7386-4145-5

2000

D,

Du weißt schon, was ich meine, die Sache mit dem geschlechtsabhängig unterschiedlichen Ordnungsverständnis, da denkste ja nun auch schon etwas länger drüber nach und hast im Portugiesich-Seminar auch schon ordentlich in die Fresse bekommen für diese Ketzerei, wenn ich mich recht entsinne. Ob zumindest ich Deine These entlang dieser sexuellen Trennlinie allerdings unterstützen würde, erscheint mir recht fraglich. Sehe da vielleicht eher das interindividuell sehr unterschiedliche Verständnis oder auch Bedürfnis, das interessanterweise auch noch in verschiedenen Aspekten sehr differiert. Am konkreten Beispiel wird Schimmel höchst different toleriert, von mindestens 40% Gemischtgeschlechtlichen als biologisch notwendiges Übel hingenommen, wohingegen beschmutzte Kaffeetassen auf 80prozentige gleichfalls sexuell heterogene Ablehnung stoßen. Das allwöchentliche Rumgewische wird von 60% ausschließlich weiblichen Altbewohnern diktiert das dringend nötige (An)Ordnen des Küchen- und Badmobiliars dagegen nur von 40% diesmal durchweg männlichen Progessivos thematisiert. So what? Natürlich werde ich die Beobachtung selbstverständlich fortsetzen, immer am Puls der Wissenschaft, wenn das schon in der Klinik dank ausufernder Routine-Jobs und teilweise fragwürdiger Methoden, die dem Konzept von EVIDENCE BASED MEDICINE nicht wirklich entsprechen, regelmäßig mißlingt. Ich hoffe, daß wir uns am 19.2. sehen, würde mich sehr freuen - sonst lade ich mich auf alle Fälle schonmal anläßlich des Konzerts der VIOLENT FEMMES am 24.3. in Berlin ein. W

Hallo hallo,

meinen besten Dank für die interessanten Beobachtungsergebnisse. Den Prozentangaben entnehme ich, daß sich die erforschte Grundgesamtheit aus 3 weiblichen und 2 männlichen Probanden zusammensetzt. Da sich der Daten - Erfassende selbst unter den Versuchspersonen befindet, muß ich die Ergebnisse natürlich überaus methodenkritisch betrachten, nehme sie aber wie gesagt höchst interessiert zur Kenntnis. Ich bin mir inzwischen fast sicher, daß meine damals schnell herausgeworfene These sich voll bestätigen läßt, natürlich wie immer mit einigen Sonderfällen und Ausnahmeerscheinungen. Um es nochmals kurz darzustellen: Es geht mir nicht nur um das verschiedenartige Ausführen der „häuslichen Pflichten", sondern um ein geschlechtsspezifisch unterschiedlich ausgeprägtes Ordnungsverständnis, das sich natürlich am signifikantesten im Haushalt ausprägt, wo es zu einem unterschiedlichen Ordnungssystem führt, das man etwas verkürzt beschreiben könnte: Frauen sind eher auf das äußere Erscheinungsbild bedacht, worunter die Systematik durchaus leiden kann, während Männer zwar auf eine innere Logik in Anordnung und Aufbewahrung von Gegenständen wert legen, dies aber oberflächlich betrachtet nach Chaos aussehen kann. Die Ästhetik kann mitunter darunter leiden, wenn beipielsweise zur besseren Übersicht verschiedene Haufen und Stapel auf dem Wohnzimmertisch angelegt werden, oder dann, wenn der Mann zugunsten des Vermeidens unnötige Verschmutzungen seine frisch zubereitete Nahrung direkt über der Spüle verspeist. Dem würde durchaus entsprechen, daß nach Deinen Zahlen, die ja wohl der äußeren Erscheinung dienende, von Dir abfällig als allwöchentliches Herumgewische bezeichnete Tätigkeit von den Frauen verfochten wird, während Organisation von Möbeln nur von Männern wirklich bedacht wird. Abneigungen gegen Schimmel und verkeimte Tassen, würde ich hier als nicht relevant vernachlässigen wollen, da sie weniger den Ordnungssinn betreffen als das Reinlichkeitsbedürfnis.

Doch hier möchte ich nicht haltmachen, ich bin gerade dabei zu bedenken und zu beobachten, wie sich diese Differenzen auf Sprache, Verhalten im Straßenverkehr und sonstige wichtige Bereiche des gesellschaftlichen Lebens auswirken. Ob genannte Phänomene pädagogischen oder gar genetischen Ursprungs sind, wage ich nicht zu beurteilen, wie ich überhaupt diese Theorie noch vor der Öffentlichkeit zurückhalte. Man muß ja auch irgendwie überleben.

Das Leben ist übrigens wirklich manchmal ein Umzug, aber wenn dann auch noch beides zusammenkommt, wird's stressig. Aber das weißt Du ja wohl selbst am Besten. Ich sitze jedenfalls in der fast fertigen Wohnung und kann mir ein zufriedenes Grinsen kaum verkneifen, nach diesen Anstrengungen. Manchmal huscht es mir aus dem Gesicht, wenn ich daran denke, wie oft ich in den letzten Jahren so umgezogen bin, aber dieser Gedanke wird konsequent verdrängt und der Frohgemut kehrt zurück. R habe ich ja auch ganz schön rangenommen, da mich leider zwei geplante Helfer im Stich gelassen haben und wir nur zu viert waren. Und nach ein paar Jahren sammelt sich ja doch so manch Teil in der Wohnung an, ganz abgesehen davon, daß wir vorher noch in R waren um geschenkte Möbel abzuholen. Vorher hatten wir natürlich alles gestrichen, außerdem waren wir gerade dabei Vs Leben hier zu organisieren, woran ich mangels ihrer Deutschkenntnisse rege beteiligt war, was heißt: Arzt gehen, Ausländerbehörde, Krankenkasse, Volkshochschule und und und. Dann natürlich Telefon, Gas und Strom organisieren, was man sich ja glücklicherweise bei WG - Einzug spart. Nebenbei gibt es natürlich einige andere Sachen zu bedenken, wie etwa den Umzugswagen auch rechtzeitig zu bestellen etc. etc., aber genug gejammert. Kurz und gut, als mir letztens bei der Wiedersehenskneipentour mit G anfingen die Augenlider unabstellbar zu zucken, wurde mir klar, daß ich mal eine kleine Pause brauch. Und in der befinde ich mich gerade.

Der 19. könnte da ganz gut reinpassen, ist jedenfalls vorgemerkt. V.F. Konzert ist auch ganz ok, schlechte Band, aber bestimmt gute Stimmung.

Bis dann.

D

Hallo D,

Du scheinst ja ein recht interessantes und abwechslungsreiches Leben zu führen. Bei uns ist aber auch ne Menge los. Wir haben uns letzte Woche noch ein kleines Auto gekauft, damit F auch wieder fahren kann. Sie kann zwar das große Auto nehmen, aber das will sie nicht, denn wenn Sie dann vielleicht einen Unfall bauen sollte, dann ist die ganze WG betroffen, und so nur sie. Also sind wir vor ein paar Wochen schon über etliche Automärkte getingelt und haben uns von Verkäufern beschwatzen lassen. Die haben uns das blaue vom Himmel versprochen und wenn wir dann mal etwas nachgehakt haben, dann bröckelte auch der Putz und man hat gesehen was wirklich Sache war. Letztendlich haben wir noch einen Halsabschneider gefunden der uns wollen wir es mal so ausdrücken nur den halben Hals abgeschnitten hat. Wir sind noch gut bei weg gekommen. Jetzt sind wir / F stolze Besitzer eines Ford Fiesta. Keine Limousine aber zum Einkaufen und Beulenfahren reicht es allemal. Vor allem wenn ich dann in einem Jahr auch bald Fahrschule habe wird F nicht mehr viel haben von Ihrem Auto, denn dann werde ich der Hauptnutzer sein, hoffe ich zumindest. Heute, am Wochenende ist B hier mit der kleinen C. M und P sind in Potsdam und bauen noch was auf, denn wie Du sicherlich gehört hast, sind die Potsdamer umgezogen und haben viel Arbeit gehabt, wo wir natürlich geholfen haben so gut wir konnten. Bei mir sind auch wieder bessere Zeiten in Sicht, denn nächste Woche sind Ferien angesagt, Jippi ei yeahh !!!!!! Endlich mal keine nervenden Profs, ausschlafen und machen was ich will. Ich werde in den Ferien sicherlich arbeiten gehen, ich habe nämlich einen Job im Steuerbüro, wo ich Akten vernichte, Briefmarken sortiere und alles solche "anspruchsvollen" Arbeiten, aber für 10,- DM die Stunde kann man es aushalten. Also sind die Ferien eigentlich keine Ferien, denn ich muß arbeiten, also wieder jemand, kein Prof, aber ein anderer der rumkommandiert. Also ich hoffe Du konntest Dir ein Bild von unserer Lage machen und wenn es etwas neues gibt schreibe ich Dir. Halt die Ohren steif, besser wären die Finger bereit (Schöne Grüße und alles Gute auch vom Rest der Bande)

cu soon

W

Hallo W,

besten Dank für Deine Nachricht. Da hat der Ernst des Lebens also angefangen und doch wieder nicht so richtig. Komisch, das scheint wohl immer so zu sein. In ganz anderer Hinsicht wird es ja morgen bei mir ernst und ich hoffe, daß es auch in diesem Fall nicht ganz so ernst wird, wie sie einem beim Schulanfang und ähnlichen Gelegenheiten einreden wollten. Wir werden also vormittags vor den Altar ziehen, allerdings nur symbolisch verrechtlicht, behördlich. V ist zwar ziemlich gläubig, aber mit der Kirche hat sie es nicht so. In C ist sie anfangs zwar ab und zu noch zur Messe gegangen, hat das aber dann angesichts der Alternative, mit einem höchst sympathischen deutschen Gaststudenten die Zeit zu verbringen eingestellt.

Silvester waren wir übrigens in Berlin (Ihr auch?). R hatte mir irgend etwas auf den Anrufbeantworter gesprochen, dem nicht ganz zu entnehmen war, wie es nun aussieht. Die Telefonnummer die er offensichtlich draufsprechen wollte, wurde vom besagten Gerät abgeschnitten (ist nicht der schönste). So verboten sich auch eventuelle Rückfragen. W war übrigens auch hier und wir beschlossen, uns auf die Party, die uns unser kolumbianischer Freund J empfohlen hatte, zu gehen. Die Sache hatte allerdings den Haken, als kostümpflichtig angekündigt gewesen zu sein. So leerten wir hier die Flasche Whiskey, die R bei seinem letzten Besuch mitgebracht hatte in leckeren Pulvercappuccino eingerührt und bastelten uns lustige Verkleidungen. Ich beschloß, als Teletubby zu gehen und improvisierte mir ein perfektes Kostüm zusammen, inklusive Antenne auf dem Kopf und Bildschirm auf dem Bauch. Als wir da ankamen mußten wir feststellen, daß die Lateinamerikaner sich mal wieder in ihre festlichsten Klamotten geschmissen hatten und ich fühlte mich schon im Kostüm, ohne die Teletubby-Accessoires überhaupt angelegt zu haben. Der Kostümzwang war wohl eher im Sinne von Kostüm als Festkleid zu verstehen gewesen und ich sah mich nicht in der Lage, mein im Schweiße meines Angesichts erarbeitetes Outfit zu verwenden. Nach einigen Gläsern Henkel Trocken lockerte sich die Stimmung dann doch noch. Richtig ausgelassen wurde es nicht, aber man kann behaupten, den Milleniumswechsel angemessen begangen zu haben. Das Ganze fand in einer Villa in Wannsee statt, keine Ahnung, ob die dem Veranstalter gehörte, oder ob er sie extra für die Party angemietet hatte. Nobel nobel jedenfalls.

Ich werde mich dann mal ins Bettchen begeben, um morgen mit geschmeidiger Haut auf den Fotos zu erscheinen.

Bis dann

D

Und der 29.1. ist heute als Termin für die EWP gefallen, so what? War ja eh noch 'ne Weile hin und
es gab ernste organisatorische Schwierigkeiten. Es
wird nun wahrscheinlich der 19.2. werden, an dem
wir gleich noch Mitbewohner Js Geburtstag zum
schon fünften Anlaß nehmen können. Die Sachen,
die ich alleine plane laufen sonst alle ganz gut.
Seitdem der Oberarzt gestern aus'm Urlaub zurück
kam, existiert etwas mehr Struktur, auch mehr
Arbeit aber eine nach wie vor sehr nette Atmosphäre. Ich habe wirklich noch niemanden richtig
schimpfen gehört und wahrscheinlich würde das im
lustigen thüringer Dialekt auch nicht wirklich böse
klingen, ge. Glücklicherweise werde ich auch nicht
überfordert, arbeite mehr als Luxus-Student und
fange frühestens im April mit dem Dienstschieben
an. Also ordentlich Zeit mich einzuleben, insbesondere jetzt da mein Zimmer fast saniert ist. We'll see
and expect only the best. Ich würde mich freuen
Dich und V in meiner neuen Welt mal wieder treffen zu können. Hochzeit hat doch geklappt oder,
unverheiratet kämt Ihr mir hier nicht in ein Zimmer, wo käme da die Moral hin, aber erst kommt ja
das Fressen, as you know. Viva Fidel
W

Hallo W!

Da bin ich wieder, live aus dem neuen Domizil. Der Computer ist aufgebaut, die Wände größtenteils weiß, denn V konnte sich mit Ss orange nicht so richtig anfreunden. Zwei Wände mußten allerdings wegen extremer Verstellung durch Bücherregale etc. in der alten Farbe verbleiben. Bei den anderen schimmert diese trotz zweimaligem Anstrich teilweise noch als schweinchenrosa durch, ist allerdings angenehmer als vorher, das Zimmer wirkt heller und größer.

Von meinem Praktikum hatte ich glaube ich berichte, lief jedenfalls alles optimal. Im Oktober reisten wir noch nach Curitiba, eine europäisch geprägte Stadt im Südwesten von S, die wesentlich übersichtlicher und angenehmer als die Megametropole ist und durch ihre Uni und eine engagierte Stadtverwaltung trotzdem ein erstaunliches kulturelles Leben zu bieten hat. Da sieht man, was man doch alles machen kann, auch in Brasilien. Danach gings noch zur Oktoberfesteröffnung in Joinville, einer Stadt der deutschen Einwanderer, wo vor kurzem noch alle Straßen deutsche Namen hatten und die Häuser von (größtenteils falschem) Fachwerk geziert werden. Eisbein, Bier und Blasmusik kennt man ja, aber in Brasilien gewinnt das trotzdem noch eine etwas andere Note, doch das würde jetzt zu weit führen. Das absolute Highlight hier und in gewisser Weise aller meiner Brasilienreisen, waren die Wasserfälle in Foz do Iguacu, die wir im September besuchten, ein unbeschreibliches Naturschauspiel.

Am 11. Oktober sind wir also in Tegel angekommen, allerdings einzeln, da der gleiche Flug leider nicht mehr zu haben war. So kam ich morgens mit etwa 60 Kilo Gepäck an, das größtenteils meiner Liebsten gehörte. Das war nur möglich, da die

Lufthansa kurz zuvor die Limits erhöht hatte. Vorher durfte man nur ein Gepäckstück a 20 Kilo mitnehmen, was uns gezwungen hätte, zu versuchen, mehr Sachen im Handgepäck durchzuschleusen als in der Reisetasche. So aber durfte ich 2 mal 30 Kilo transportieren, was ich dann auch ausnutzte. V kam später und brachte die restlichen zwanzig. Meine Eltern holten mich ab und glücklicherweise tauchte auch M auf, der dann gleich als Träger eingesetzt werden konnte. Er hatte vorher hier bei unseren Untermieterinnen angerufen und sich sagen lassen, ich würde so ungefähr um 9 ankommen. Woher und mit welchem Flug wußte er nicht, aber wir trafen ihn zufällig am Bus mit dem er gerade ankam und den wir sogleich zur Weiterfahrt benutzten. Zur Belohnung gab es hier dann den guten Rathenower Bienenstich, von dem M auch zirka ein Kilo verspeiste. Auch Ellen bekam noch ein Stück ab, sie holte nämlich an diesem Tag ihre restlichen Sachen ab um mir dann gleich den Schlüssel zu übergeben, wie wir es per E-Mail vereinbart hatten. Also alles bestens organisiert wie Du siehst, auch wenn ich bis zuletzt nicht daran geglaubt hatte, daß das alles glattgeht. Auch mit den Papieren hat hier alles geklappt. Ich habe mich jetzt tatsächlich entschlossen, einen Heiratstermin zu vereinbaren, das sichert zumindest erstmal den Aufenthalt. Vielleicht reisen wir aber auch nochmal aus, wenn es soweit ist. Ich schätze, in der Kammer noch ein Praktikum zu bekommen, wäre kein Problem. Allerdings will ich auch meinen Studienabschluß langsam mal vorbereiten. Ich schließe mich Cs Motto "Diplom 2000" an. Von dem habe ich allerdings seit vier Monaten nichts mehr gehört. Entweder er ist verliebt, oder er nutzt seine wiedererlangte Trinkerlaubnis nach der Gelbsucht jetzt so ausgiebig, daß keine Zeit mehr zum Schreiben bleibt. Allerdings meldete sich ein alter Schulfreund zu dem ich den Kontakt verloren hatte überraschend per E-Mail und besuchte mich auch schon hier in Berlin. Überraschenderweise haben wir uns schnell wieder gut verstanden und dann die übliche Friedrichshainer Kneipentour mit Finale in Paules Metaleck absolviert. Dort gibt es jetzt noch einen zweiten kultig ausgestalteten Raum, in dem Düstermusik läuft. Vorher zogen wir ständig vor einer dieser Pall Mall Werbekolonnen her, mein Zigarettenbedarf für die nächsten Wochen ist dadurch abgesichert. Also ein durchweg gelungener Abend, von dem ich mich allerdings ein paar Tage erholen mußte.

V fängt nächste Woche einen Deutschkurs an, vier mal die Woche Volkshochschule Lichtenberg. Sie kann schon einiges, versteht aber noch nichts und hat auch Hemmungen zu sprechen. Der Winter macht ihr noch nicht zu schaffen, denn bis jetzt sind tagsüber meist noch 15 Grad, da wurde es in S schon manchmal kälter. Dort ziehen im Winter Kaltfronten von Süden auf und es kann schonmal auf sieben Grad runtergehen. Wenn das passiert ist es auch bewölkt oder regnet, also bei Sonnenschein steigt die Temperatur wieder auf über dreißig Grad. So wollte V als hier am unserem zweiten Tag mittags satt die Sonne strahlte schon im T-Shirt rausgehen, bis ich sie mit meinem Einwand, daß hier zwar Sonne aber trotzdem nur 13 Grad sind, enttäuschte.

Da S Dir einen Brief geschickt hat, bin ich in der Lage Dir die Adresse mitzuteilen: S T, Bocholterstraße 242, 46325 Borken. Auch Deine Lohnsteuerkarten, ein Brief vom Finanzamt Mitte und einer mit dem mysteriösen Absender 51 sind angekommen. Soll ich da was aufmachen oder einfach lagern?

J hat mich schon angerufen, nachdem mein Versuch sie zu erreichen damit endete, daß der neue Bewohner ihres ehemaligen Domizils mir erklärte, sie wäre wohl nach München umgezogen. Das überraschte mich dann doch etwas, sie hatte ja immer ähnliches angedeutet, aber wenn man so wiederkommt und erreicht jemanden nicht mehr, ist es schon komisch. Jedenfalls scheint es ihr gut zu gehen, die Kollegen sind wohl wesentlich angenehmer als in der Lebenshilfe und auch Gegend und Wohnung hörte sich gut an. Sie meinte, sie hätte schon Nachricht von Dir bekommen, dann wohl noch hier in Berlin. Ihre neue Adresse habe ich nicht, habe mir nur die Telefonnummer aufgeschrieben.

Ich hoffe, es ist nicht zu umständlich für Dich, wenn wir uns mit dem Besuch bei Euch etwas kurzfristiger entscheiden. Ich habe keine Ahnung, wie es mit dem Visum für V ist, das Hauptproblem könnte leider wie immer die Kohle werden. V kann noch nichts arbeiten und es kommen doch noch einige Ausgaben auf uns zu und falls wir im Januar ausreisen müssen reicht St. Petersburg leider nicht, es muß ein anderer Kontinent sein und wir werden wohl nach Brasilien fliegen, wohin man leider nicht so ganz billig kommt. Wir werden sehen, wenn eine Entscheidung fällt, teile ich es Dir schnellstens mit.

Die Lindenstraßenberichte müssen aus Wissensmangel noch entfallen, die letzten beiden Folgen habe ich allerdings auf Deinem Fernseher verfolgt, den wir hier angeschlossen haben.

Laß wieder von Dir hören, viele Grüße an S

D

Liebster D.

Die neue Welt heißt Jena und scheint bislang nur über Drähte mit Hannover und all den anderen Welten außenrum verbunden zu sein - alles ungewohnt und neu halt.

Ist spannend und das Arbeitsleben finde ich nach drei Tagen bislang nicht so qualitativ anders als das Studenten-Dasein - noch keine Dienste, wenig Verantwortung, fast kein Geld. Aber einen tollen Kittel mit der Aufschrift "Arzt im Praktikum". Fehlt eigentlich nur noch das "Dr." zur Begründung einer stolzgeschwellten Brust.

So richtig anstrengend ist das entsprechend auch noch nicht. Nur das frühe Aufstehen im Winter setzt mir zu - aber der Sommer kommt. Heute war schonmal Sonne.

Die Cuba-Sonne ist schon ziemlich weit weg und fast vergessen, hoffentlich kommt einiges davon zurück, wenn wir (A ist auch dabei) unsere cubanische Spanisch-Lehrerin gefunden haben. Der Wille ist da!

Wie auch zu vielen anderen Projekten, mein neuer Mitbewohner Jens will mich offensichtlich zum Hochleistungsradler aufbauen, die weißen Wände meines Riesenzimmers brauchen Farbe, der Uni-Sport muß ausgecheckt werden - Steckt in mir nicht doch der Top-Trampoliner? - Reisen wollen geplant sein, nach Saalfeld, Leipzig, Dresden, Hannover, Bremen, Aachen, Genk/Belgien... (Berlin ist erstmal abgehakt - Ihr wart ja wohl irgendwie doch nicht zum Megalomania-Jahreswechsel da).

Aber der Tag hat nur 24 Stunden, wie ich mittlerweile ziemlich übernächtigt feststellen muß. Im Sommer hatten mir mal 6 Stunden Schlaf gereicht - hoffentlich wird das wieder.

Das erste definitiv realisierte Projekt wird die Einweihungsparty am 29.1. werden, zu der Du natürlich erwartet wirst, oupsie - Ihr selbstverständlich morgen ist ja Hochzeit (All the best by the way). Voller Hoffnung, daß es Dir gut geht und Euch in diesem neuen Jahr auch weiterhin gehen wird

W

hallo,

seit mo. ist B hier, ein bekannter (freund waere uebertrieben), den wir letztes jahr in moskau kennengelernt haben. gerade haben wir noch drei andere bekannte von ihm abgeholt, da boris gestern erste cluberfahrung gesammelt hat und wohl erst morgens zurueckgekommen ist. die 3 anderen sprechen wohl kein wort russisch, mal gucken, ob es ihnen hier trotzdem gefaellt. 2 von denen haben wir gleich in der u-bahn verloren, die sind dann aber gottseidank gleich mit der naechsten metro gekommen. weihnachten wollten wir uns echt mal was gutes goennen und waren deshalb beim mexikaner. leider bin ich nicht satt geworden, weil so arschteuer, dass ich nur nen kindergericht bestellen konnte. ausserdem war da irgendwie so ne komische atmosphaehre, dass wir eigentlich ganz froh waren, wieder raus zu kommen.

supi, dass ihr die karte erhalten habt. uebrigens ist S die kleine kuenstlerin, aber die idee kam natuerlich von mir. ehrensache. freu mich schon auf die nachfeier. tatsaechlich sehen wir uns bald wieder, hoffe ich jedenfalls. ende jan. oder spaetestens am 01.02. sind wir wieder in berlin. auf mein praktikum verzichte ich wohl, weil ich 02/03 wahrscheinlich in K arbeiten werde. will jetzt im studium noch mal ranklotzen, da ich mir ausgerechnet habe, dass ich in 1 jahr das schlimmste ueberstanden haben koennte. was ist schon ein jahr. das sitz ich doch mit links ab. bald bin ich also wieder da, noch ne woche hier und noch ne woche moskau.
bis denn
D

Ja hallo,

und natürlich herzliche glückwunsche und viel erfolg bei der zukünftigen gestaltung eures lebens.

Was nun Ts einweihungsfeier betrifft, so ist mir noch nichts bekannt. allerdings wollte ich schon immer mal nach J. vielleicht klappt das ja. so wie ich gehört habe, wollte Ü auch zum standesamt kommen. war aber wohl nicht so. vielleicht ist sein geschenk nicht fertig geworden (ich vermute, es sollte ein spinnenbild werden ha, ha).

aber natürlich entschädigt die anwesenheit von M für einiges, sollte man meinen, oder?

ansonsten würde ich eine erneute tour in berlin ohne weiteres befürworten. alle kneipen haben wir ja nicht besichtigt. das ende sollte aber im "death-room" von paule sein.

also bis dann...

chefboss

p.s. fünf leute in der wg ist wahnsinn. ich komme mal gerade mit mir und C aus. jeder weitere würde das system zum einsturz bringen. ich war am 30.12. bei subway to sally und der letzten instanz im Lindenpark. das war scharf. A (ich hoffe du erinnerst dich - er ist übrigens gerade im trennungs-jahr-entschuldige bitte) war auch bei. richtig original mit lindenpark, fritz-kneipe und cheeseburger bei bp. klasse...

am 26.01. gehen wir zu bush, mal sehen wie das wird...

W

Hallo W!

Jetzt will ich mich mal wieder bei Dir melden, da ich annehme, Du bist wieder in C zurück, wo Du Dich ja anscheinend ganz gut akklimatisiert hast. Mir fällt das hier schwerer, der deutsche Winter geht einem zum Ende hin ganz schön auf die Nerven. Aber einen kleinen Lichtblick gab es schon, wir haben nämlich einen Freund in K besucht, wo bereits der Frühling angebrochen war. Die Obstbäume und Osterglocken blühten in Hülle und Fülle und es schien eine Woche lang die Sonne bei über 16 Grad täglich. V schienen diese paradiesischen Wetterverhältnisse vergleichbar mit denen Cs. Sonst war in K nicht viel los, aber wir nutzten die Gelegenheit, daß unser ehemaliger Mitbewohner 2 Monate in seine ehemalige Heimatstadt gereist ist, um sich das Geld für das nächste Semester zu verdienen. Seine Mutter, bei der er wohnte hatte er für die Dauer unseres Besuchs - sechs Tage - zu seiner Schwester ausquartiert. Wir reisten nach Bad Herrenalb, wo der Schwarzwald beginnt und es aussieht wie der Brasilianer sich Deutschland vorstellt: bergig, Nadelbäume und Fachwerkhäuschen. Wir wanderten zu einer Waldwiese, wo wir uns in die Sonne legten, die schon so stark war, daß man nicht mehr frieren mußte. Obwohl ich bald den Halbschatten suchte, holte ich mir gleich einen Sonnenbrand im Gesicht. Für C wäre ich wirklich nicht mehr präpariert. Aber jetzt bricht auch hier die schöne Zeit an: Alles sitzt draußen in den Cafés und trinkt Bier und läßt sich die Sonne auf den Pelz scheinen. Die Zeit ist auch umgestellt, ich kann es kaum fassen, daß es schon 20.00 ist und immer noch hell draußen. Auch einen Ausflug ins Elsaß haben wir unternommen. Wir besuchten Ks wunderschönes Schloß, in dessen Garten wir uns viel langmachten und die Aussicht vom Turm aus genossen. In der Tausend Jahre Baden - Ausstellung im Schloß konnte V sich über die deutsche Geschichte informieren. Sogar eine brasilianische Band sahen wir, drei Frauen an Percussion, Gesang und Gitarre und ein Mann an den Blasinstrumenten. Sie spielten experimentelle jazzige Melodien zu traditionellen Rhythmen und einer beeindruckenden Stimme. Leider waren wir mit dem Wochenendticket unterwegs und mir kommt es vor, als würde ich jetzt jeden Dorfbahnhof in diesem Land kennen.

So jetzt ruft noch das Diplom 2000.

Beste Grüße

D

Hi,

D.

Ich wollte mich mal wieder melden.

habe mich sehr gefreut, dass Ihr mal wieder ge-schrieben habt. Es ist ja schon ne recht lange Zeit vergangen. So wie es aussieht hat sich V einiger-massen an die deutschen Eigenheiten gewoehnt, wenigstens ein warmer Sommer laesst Erinnerun-gen an die Heimat hier aufkommen. Gibts denn sowas wie Forro Bands in D- Land. Ich weiss nicht, ob das auch den deutschen Geschmack trifft.

Und dass die Magisterarbeit fertig ist, ist bestimmt auch eine beruhigende Situation.Hier ist der tropi-sche Winter voll am Gange, manchmal ist es richtig kuehl nachts und sogar ich beginne zu frieren. In Porto Allegre war es gestern nacht -10, und der Schnee bleibt sogar liegen. Hier regnet es bloss am Stueck. Sao Joan ist meist ins Wasser gefallen. Wenn Ihr im November / Dezember herkommt, dann werden wir eine schoene Churrasco machen. Was gibts sonst noch? Ja, ich werde wohl ab Maerz naechsten Jahres nach D ziehen und dieses scho-ene Land hier wieder verlassen. Wenn alles gut geht und sie keine Angst davor bekommt, wird meine brasilianische Freundin auch mitkommen. Mein Filius zu Hause hat sein Studium auch im Maerz des Jahres abgeschlossen und heute endlich einen Job gefunden. Ist alles nicht so leicht, wie es mal war vor 30 Jahren.

Von J habe ich leider nichts gehoert seit bestimmt 6 Wochen. Normaerweise schreibt er regelmaessig. Ich hoffe sehr, dass ihm nichts schlimmes passiert ist. Er hat auch geplant im Herbst hierher und dann noch nach Kolumbien zu reisen.

So, gleich ist Zeit nach hause zu gehen. Naechste Woche will ich nach Belem fahren (mit Bus) mit

Zwischenstation in Terrezina und Sao Luiz und mir mal den Dschungel naeher ansehen.

Wie waren die Prüfungen? Ich hoffe überaus erfolgreich.

Hast du schon gehört, F hat geheiratet. In der Sankt Marien Andreas Kirche. Gerade F, der alte Satanist, heiratet in der Kirche. Respekt. Statt der üblichen Musik zu solchen Anlässen lief bestimmt "Death", "Entombed" oder zumindest "Sodom". Und Tom Angelripper hat die Zeremonie vollzogen. Ich wäre ja gerne hingegangen (der Termin stand ja in der Zeitung), aber betrete ja Kirchen nicht so gerne. Dazu kommt, dass ich F ja wahrscheinlich stark abgelenkt hätte, da er ja sicher Tränen in den Augen gehabt hatte vor Rührung ob meiner Anwesenheit. Na ja.

Wir sind im Moment immer noch stark beschäftigt mit unserem alten Haus. Allerdings haben wir vom 02.10 bis zum 23.10. Urlaub. Davon sind wir eine Woche (06.-13.10.) in Griechenland. Vielleicht könnten wir in der anderen Zeit mal Bier trinken. Entweder in R oder in Berlin.

Melde dich mal zu diesem Punkt.

Übrigens hat J L mir geschrieben.

Das war es erst mal von hier. Bis bald, seid erst mal herzlich gegrüßt und lasst wieder von Euch hören

um abraco grande

W

Hallo,

Deine neue Adresse habe ich am Telefon nicht richtig verstanden, die mußt Du mir mal per E-Mail schicken. Auf dem Anrufbeantworter hattest Du Dich so angehört als hättest Du tausend mal angerufen und niemanden erreicht. Irgendwie hat mich das eher an meine Versuche bei Euch mal jemanden zu erreichen erinnert. Na ja so kommt man wieder zurück zum Schreiben, das hat doch etwas persönlicheres, als immer auf den Anrufbeantworter zu sabbeln.

Zu Powis Party sind wir dann doch nicht gekommen, da Du nicht erscheinen wolltest. Außerdem hatte ich auch Prüfung und wollte deshalb eh nicht lange bleiben, da hätten wir uns gar nicht mehr gesehen, davon abgesehen hätten wir länger in der S-Bahn gesessen als auf der Party.

Da Du angekündigt hast, Dich in der Weltgeschichte herumzutreiben, versuche ich erst gar nicht mehr, Dich anzurufen, sondern ermuntere Dich hiermit, nach Deiner Rückkehr nach Potsdam hier anzuläuten und auch mal ein Treffen einzuplanen.

W und S waren am Wochenende zum Konzert hier, die beiden haben allerdings schlapp gemacht. Während ich und V noch mit einem Typen von der Band, die hier gespielt hat, in Paules Metal Eck und der Tagung waren, haben die beiden schon in der Grünberger Straße geschlafen. Allerdings mußten wir dem dann morgens um 7 ausreden, noch 2 Stunden rumzuhängen, um uns dann ein Fahrrad auszuleihen und Berlin zu erkunden. Er wollte wohl seine Zeit in Deutschland bis aufs letzte ausnutzen und war dafür bereit auch aufs Schlafen zu verzichten. Das war ich allerdings nicht, zumal ich den Vormittag davor schon tatkräftig bei einem Umzug geholfen hatte. Daß V so lange durchgehalten hatte war sowieso ein Wunder. So haben wir ihn noch zurück ins Forum - Hotel gebracht, den Ausblick genossen und seinen Zimmerkumpel geweckt, um uns dann auf den Nachhauseweg zu machen. Insgesamt ein etwas anstrengendes Wochenende, zumal es schon Dienstag Nacht losging als die Band hier anrief und verbotene Substanzen haben wollte, mit denen ich allerdings auch nicht dienen konnte, außerdem erwartete mich morgens um 8 eine Klausur, weshalb die Weckung nicht und bedingt auf meine Freude stieß. Jetzt kränkele ich jedenfalls etwas vor mich hin, aber das wird schon wieder.

Ich hoffe, Deine Reisen waren schön, melde er sich

Beste Grüße

D.

D,

juut, ditte wieda da bist! Könwa gleichma Himmelfahrt ordentlich eenen trinken jehn, wa. Wirste Dir ja wohl nich abjewöhnt ham, oda?

Ich bin wohl offensichtlich etwas crashmäßiger wieder in Hannover eingefallen. Gleich nach Ostern begannen die Normalo-Acht-Stunden-Arbeitstage, und das änderte sich auch nicht zum ersten Mai als die MLPD den 6-Stunden-Tag bei vollem Lohnausgleich forderte.

Sonst war dieser Tag in Hannover sehr wenig revolutionär aber trotzdem nett und nicht von rechts infiltriert. Die Leute marschierten wie schon vor hundert Jahren aus dem alten Arbeiterbezirk Linden zum Klagesmarkt, wohin der DGB eingeladen hatte, um zu hören wer jetzt alles gegen den Krieg ist.

Nebenbei wurde da natürlich auch mal das ein oder andere Gilde fällig und dann tanzten die 50 jährigen Daddys lustig vor der Bühne rum - sogar zu Rolling Stones.

A aus J war zu Besuch und wir rennradelten den ganzen Tag durch die Gegend inklusive Schifferklause, von der ich ja leider mittlerweile etwas weiter wegwohne. Aber auch hier in der Nähe gibt´s Läden, die man eigentlich nur mit D und M besuchen gehen kann. Einer ist allerdings so fein, daß der Betreiber sich nicht traut das Wort "Bierschiß" in den Mund zu nehmen - er hat´s dann halt "Bier-Pup Fliege" genannt und das auch draußen an sein Schild geschrieben, saucool.

Na jedenfalls, um

wieder zum Ausgangspunkt zurückzukommen, rechne ich jetzt meine Freizeit primär in Wochenenden und mußte dabei feststellen, daß es davon nur durchschnittlich 4 im Monat gibt. Aber dem-

nächst habe ich mir erstmal ´ne Woche Urlaub er-schlichen.
Ach übrigens - damitte nich vom Stuhl fällst, wenn R denn wirklich auch am Donnerstag dabei sein sollte - der Typ heiratet am 21.8. und ich soll Trauzeuge sein. M meint ich hätte ablehnen sollen.
S.Y.N.W.

Hallo hallo,

jetzt endlich mal ein paar Zeilen, die sich nicht um die Berufsausbildung in Brasilien drehen. Seit dem Anfang meiner Prüfungsphase lebe ich etwas zurückgezogener, nostalgische Ostern in R mit einer durchzechten Nacht waren da schon relativ außergewöhnlich. Aber es liegt wohl auch nicht nur am gestiegenen Arbeitsquantum, die exzessiven Zeiten sind wohl vorbei, was auch weniger im Wechsel des Familienstandes als vielmehr in zunehmender Altersschwäche begründet liegt. Aber ich vermisse das wilde Nachtleben bisher kaum. Was fehlt sind natürlich unsere gemütlichen Kneipenabende, die ja auch eher selten ausgeartet sind - und wenn dann lag's nicht an Dir.

Daß wir die Wohnung hier in der Grünberger genommen haben, mußten wir nicht bereuen. Die Gegend ist wie Du weißt sehr nett und auch an der Wohnung selbst hat sich bis jetzt kein Haken entpuppt. Die Sonne steht den ganzen Tag auf allen Fenstern, was kaum wetterbedingte Depressionen aufkommen läßt, allerdings in diesem brasilianischen Sommer, der hier Anfang Mai Einzug hielt, nicht gerade angenehme Kühle entstehen ließ.

Ich glaube B und den Rest der Friedrichshainer habe ich seit wir uns das letzte Mal getroffen haben auch nicht mehr gesehen. Sonst hatte ich Mantel eigentlich jede Woche an der Uni getroffen, jetzt wo wir hundert Meter voneinander entfernt wohnen, sieht man sich nicht mehr. G hat sich schon seit einiger zeit bei S eingenistet. Nachdem wir die Wohnung in der Pariser Kommune endlich los waren, wollte er sich eigentlich eine neue Bleibe suchen, aber er hat es da wohl nicht so eilig. Er ist wohl auch nicht so der schnell entschlossene, was größere Veränderungen betrifft.

V lernt immer noch fleißig Deutsch, allerdings machen die Volkshochschulen bald drei Monate Sommerpause, günstigerweise alle im gleichen Zeitraum. Das müssen wir uns dann was einfallen lassen, denn den ganzen Tag Zuhause hocken ist nicht das Wahre für sie. Ich hätte ja weniger Probleme mit dem Nichtstun und würde mich glaube ich auch ohne größere Aufgabe ganz gut beschäftigen können, aber es ist halt auch nicht jeder der Faulheit so zugeneigt wie ich. Und zugegebenermaßen in einer fremden Kultur, wie es die brasilianische lange für mich war - und in gewisser weise immer noch ist und wohl auch immer bleiben wird ist, kann das schon schwierig sein. Hätte ich nicht die Möglichkeit gehabt, mich immer wieder in Reisen zu flüchten, hätte ich Brasilien die erste Zeit auch kaum ertragen.

Ich hoffe, Du hast in Deinem Exil keine solchen Probleme, zumindest die Sprache ist ja fast die gleiche, wenn man wohl auch schon von einem andren Kulturkreis sprechen kann. Aber der ist Dir vielleicht näher als dieses lärmige Berlin hier.

Also, laß von Dir hören, viele liebe Grüße

D

Hallo Weltreisender,

hoffentlich hast Du Dich wieder gut eingelebt im nicht mehr so kaltem B, war ein ziemlicher sch... Winter, kein Schnee, sondern nur Matsch und Regen. Aber Du wirst solche Probleme in Brasilien nicht gehabt haben, denn dort ist es doch immer angenehm warm. Wenn Du Lust und Zeit hast, dann können wir ja mal einen Kaffee zusammen trinken und ein bißchen über Deine Erlebnisse plaudern. Ich hätte auch mal gerne aus Deiner Sicht und Deine Erfahrungen bekommen, wie ich mich verhalten und was ich machen muß, wenn ich vielleicht später, auch noch mal im Ausland studieren möchte. Du könntest mir da sicherlich mal ein paar Tips geben.

Meinetwegen können wir auch was anderes machen, Du kannst sagen wozu Du Lust hast.

Sag mir Bescheid wann Du Zeit hast, denn ich denke Du mußt jetzt Prüfungen ablegen, denn Du warst ja ein paar Monate weg und hast viel nachzuholen, also sag wann Du Zeit hast.

Ich hatte mir schon häufiger vorgenommen Dir mal zu Schreiben, aber dann kam immer wieder etwas dazwischen. Leider vefüge ich an meinem heimischen PC noch nicht über einen Netzzugang, so daß ich die Infrastruktur der Arbeit nutzen muß, was nicht immer in dem Maße möglich ist, wie ich manchmal gerne möchte, da ich hier ja vorrangig mit anderen Aufgaben betraut bin.

Nachdem ich nun hier schon einige Zeit arbeite, muß ich sagen, es läuft in der Regel recht gut. Wir machen auch eine etwas andere Arbeit als die Kooperationsstellen in Berlin. Vorlesungsverzeichnisse werden hier beispielsweise nicht erstellt, da man sich da schon fragen muss, wen interessiert das eigentlich.

34

Aber die werden sicherlich die ein oder andere Mark dafür bekommen, und dann macht man halt auch solche Arbeiten. An der Ecke ist das bei uns natürlich ähnlich, da schon immer gesehen werden muß, wo findet man Leute, die sagen, das ist eine interessante Idee, das werden wir euch finanzieren. Unsere gesamte Finanzierung läuft über diesen Weg, was in der Regel auch recht gut hinhaut, aber auch immer mit Risiken verbunden ist. Manchmal denke ich schon, eine anständige Basisfinanzierung wäre nicht schlecht, aber auf dem hier gewählten und praktizierten Weg verfügen wir über einige Freiheiten, die wir mit einer stärkeren Abhängigkeit z.B. von der Uni nicht hätten.

Aber jetzt ist auch erstmal für ein paar Tage Schluß mit Arbeiten. Habe einige Tage Urlaub, die ich mit Freundin und Kind bei meinen Eltern verbringen werde. Das heißt dann vor allem die Füße hochlegen und ein wenig ausruhen, da Oma und Opa sich sicherlich auch gerne um P kümmern. Na ja, und dann werde ich mal sehn, ob sich noch einige Leute aus alten Zeiten auftreiben lassen, da ich seit meiner Ankunft in FFO sehr selten in Kassel und Umgebung bin. Insgesamt hat sich der Aktivitätsradius durch Familie und Arbeit zunehmend eingeschränkt. Es ist doch immer viel zu erledigen und viel Alltag, so daß meine Bedürfnisse nach großen Unternehmungen am Wochenende doch sehr gering ist. So weit in einer kurzen Reaktion. Ob ich nun versprechen sollte mich zu bessern und häufiger von mir hören zu lassen? Ich glaube es ist besser es nicht zu tun, allerdings werde ich versuchen hin und wieder dran zu denken.

Gruss und weiterhin viel Spass in S

W

Hallo,

ich habe mich gestern mit Dietmar getroffen, er wird Dir sicherlich darüber berichtet haben. Besten Dank für die CD. Wir haben sie einfach schon vor Eintreten meines 27. Lebensjahres gehört. Ist ja etwas traditioneller ausgefallen, als das Konzert, das wir gesehen haben, aber auch schön. Das Sonnabend - Konzert wird übrigens im Oktober nochmal auf SFB 4 ausgestrahlt. Wenn Du willst nehme ich es Dir auf Kassette auf, wenn ich es nicht selbst verpasse. Oder vielleicht kannst Du es ja selbst über Satellit empfangen. Oder per Internet. Und gleich auf der Festplatte speichern und auf CD brennen. Aber wahrscheinlich funktioniert das nicht. Mir ist es immer ganz peinlich, wenn Euer Geburtstagsgeschenk hier ankommt, denn ich muß zugeben, daß ich nicht mal mehr genau weiß, wann Du Geburtstag hast. Ich hoffe, Du entschuldigst, wenn ich so direkt frage und nicht heimlich über C Auskunft einhole: Wann war das denn nochmal?

Ich glaube am Wochenende werden wir nicht nach Hkommen, denn wir sind zu einem Geburtstag auf eine kleine Fazenda am Rande Berlins eingeladen, die sich einfacher erreichen läßt als die wunderschöne Stadt an der Saale, die wir zu einem anderen Zeitpunkt wieder besuchen werden. Vielleicht erst wenn meine Prüfungen vorbei sind, ich will das jetzt mal konzentriert hinter mich bringen, bevor ich noch monatelang herumvegetiere und bei jedem Bierchen ein schlechtes Gewissen habe. Die Sache nimmt mich jetzt doch etwas mit, und zwar weniger weil ich soviel büffeln würde, sondern vielmehr weil ich diese Wand von Themen, die ich zu verschiedenen Zeitpunkten beherrschen muß vor mir aufgestaut sehe, was mich eher paralysiert, als in Arbeitswut verfallen läßt. Aufgrund dessen schrecke ich auch etwas vor der Idee zu promovieren zurück. Aber vielleicht ergibt sich auch etwas anderes. Der Klassenfeind braucht ja so ideenreiche Überläufer wie uns. Ein langer Marsch könnte mich in die Machtzentralen des Kapitals bringen, von wo aus die Weltrevolution ein Kinderspiel wäre. Und der Friedensnobelpreis wäre mir schon mal sicher. Natürlich würde mich das einige Zeit kosten und von der Arbeit an den anderen Nobelpreisen abhalten. Aber manchmal muß man seine berufliche Karriere halt für das Gemeinwohl opfern.

In diesem Sinne, bis Bald

D

Lieber D, hamm se Dich imma noch nich jekricht. Time will come. Halt schonmal die Dollars bereit. S ist doch bestimmt ein heißes Pflaster. Aber wenn Du Dich nur unter der Aufsicht gutgekleideter Bodyguards bewegst, wird da so viel wohl auch nicht drin sein, für die Gangster.

Ehrlich gesagt wäre ich ja auch gerne da, wo Du grade bist (daher wohl auch die leichte Gehässigkeit zu Beginn). Und am Wochenende hat mich ja wirklich so´ne fiese Fernwehattacke erfaßt, als mein tansanischer Freund Alawi eine Gruppe von 20 Studenten auf ihr anstehendes Tansania-Praktikum seminarisch vorbereitete, hätte ich mir vielleicht besser entgehen lassen sollen. Deutschland ist ja so schön nicht, insbesondere seitdem rot/grün jede Hoffnung auf eine schöne Zukunft zerstört hat. Da hilft nur "meine kleine Welt" und "mens sano in corpore sana" und "denken ist der Tod". So lebe ich dann auch zielgerichtet in den Tag hinein und genieße mein Halbgottdasein in weiß. Demnext hat das ja auch wieder ein vorübergehendes Ende wenn´s Examen kommt. Und irgendwie herrscht hier in Hannover gerade die große Abschiedsstimmung - nach 5 Jahren setze ich den Abhaken und fange nächstes Jahrtausend wohl in Jena an, wo das Leben dann vielleicht wieder etwas engagierter zu bestritten wird, mal sehen.

Deutschland kriecht sonst zur Zeit in jeder Beziehung durch´s

Sommerloch: Trauerspiele in der Presse (Schumi macht den Senna, leider etwas halbherzig - Beck macht den Hundt, leider etwas von der falschen Seite her - Joschka macht den Jürgen, leider etwas diplomatischer - VW macht 3Literauto, leiter etwas massenuntauglicher - Techno macht die Hauptstadt, leider etwas mainstreamiger), schweißgetränkte Straßen, Schnee auf dem Watzmann, Millionen im Stau der Dummen, kein Fußball - was machen all die Idioten jetzt wohl? Aus Hannover kommt das Licht.

Man ist diese Großschreibung anstrengend, für heute Schluß damit. bei uns ist hochsommer und bei über 30 grad sind wir am sonnabend erst am späten abend zum hafenfest gegangen.die letzte woche war für mich ziemlich anstrengend, ich bin mal wieder mit dem Fahrrad gestürzt und habe mir prellungen und blutergüsse zugezogen. aber meine 4 stunden habe ich in der kita geschafft. deine mitteilung war der höhepunkt der woche, wir haben uns sehr gefreut, ausführlich von dir zu hören. fam. s auch-sie wollten dir auch am wochenende schreiben.

v ist hoffentlich gut angekommen, grüße sie herzlich von uns. wenn ihr eine unterkunft habt, gib bitte die adresse durch, dann kann ich aus dem urlaub schreiben, am 25.7. reisen wir in die schweiz.

schön, daß du uns an deinem arbeitsalltag teilhaben läßt, so können wir uns doch vorstellen, wie es dir geht. mit b haben wir nach deiner verabschiedung noch eine stunde zusammengesessen, da hat er uns erklärt, was es mit der verleumdung auf sich hat, die gegen ihn läuft er sieht das nicht so eng. wir sind zur nachträglichen geburtstagsfeier im august nach borgsdorf eingeladen, da werden wir dann u.a. den bruder von r kennenlernen.

j will jetzt polizist werden und meinte zu b, daß sie den k doch mal im gefängnis besuchen können,wenn es so weit ist,dann weiß er schon mal,wie es dort aussieht.

v hat etliche zahnarzttermine noch vor sich, t auch, er muß demnaechst wieder zur charite .sein arbeitslosenanspruch scheint jetzt geklärt, sogar m hat endlich das geld überwiesen.

bis zur nächsten mitteilung von uns liebe grüße von w

p.s. v druckt deine e-mails aus und ich kann die letzte fast auswendig! also pass auf,w as du so schreibst, es wird alles für die ewigkeit archiviert.

Hallo Ihr Beiden.

Daß F unserem Beispiel gefolgt ist, hatte ich bereits gehört. Wir waren ja schon immer die Trendsetter in diesem Umfeld, deshalb konnte es mich nicht verwundern von der bevorstehenden Eheschließung zu erfahren. Daß er, nur um es uns zu zeigen, noch eins draufsetzt und in der Kirche ehelicht ist nur wieder einer dieser hilflosen Versuche, sich durch scheinbare Radikalität vom von uns geprägten Mainstream abzusetzen. Mein Bruder war übrigens in der Kirche, denn im Tennisverein hatte F für diese Veranstaltung geworben. Es kamen allerdings von dort nur vier Leute, wie ich mir habe berichten lassen. Ich werde auch mal bei Tom einen schriftlichen Bericht anfordern, der war sicher auch da. Es soll jedenfalls eine sehr eindrucksvolle Zeremonie gewesen sein, inklusive anschließender Taufe des Nachwuchses. F hatte die kirchliche Weihe anscheinend bereits vorher hinter sich gebracht. Das finde ich etwas schade, daß er gekniffen hat, wo es hieß, die Peinlichkeit bis zum Letzten auszureizen, vor der versammelten Hochzeitsgesellschaft die Konfirmandenprüfung abzulegen und damit im Lichte der absoluten und unangreifbaren Coolness zu erstrahlen.

Einen Brief von J zu bekommen, ist schon eine etwas surreale Vorstellung. Gib ihm doch mal meine Adresse, vielleicht nimmt er ja auch mit mir Korrespondenz auf. Würde mich echt interessieren, was er so zu berichten hat.

C hatte uns letztens zu einem Konzert seiner neuen Band in Heingeladen, dann aber einen Tag vorher wieder abgesagt, da er erfahren habe, daß sie vor einer geschlossenen Gesellschaft älterer Coleur spielen sollten. Auch dort bin ich sehr auf einen Bericht gespannt.

Von hier gibt es wenig neues. Einige Prüfungen sind recht erfolgreich abgelegt worden, allerdings waren es noch nicht alle. Trotzdem sollten wir und mal auf eine Kneipentour treffen, denn meine Iso-lationstaktik habe ich aufgegeben, auch wenn ich die ganze Zeit zuhause hocke, mache ich doch nicht mehr für die Vorbereitung als sonst.

Ich hoffe, mit Eurem Haus geht es voran. Seid Ihr schon eingezogen? Wo steht es denn eigentlich, Metropole Göttlin oder Vorstadt R?

Beste Grüße auch von V

D

Ja, aber hallo,

sehr schön wieder von dir zu hören.

Das Wichtigste vorneweg: Ich habe J deine E-Mail-Adresse gegeben. Er wird dir also vermutlich bald schreiben oder hat es vielleicht auch schon getan.

Ansonsten vielen Dank für die Bilder. Sehr aufschlußreich.

An den Fakt, daß F ja getauft sein muß, um in der Kirche heiraten zu dürfen, habe ich gar nicht gedacht. Letztlich finde ich dieses Entscheidung von F. aber auch irgendwie konsequent. Er hatte ja schon früher solche komischen Anwandlungen, wie etwa "Das geht doch nicht!", "Ihr spinnt wohl", "Oh, boooh".

Beim Vermeer-spielen konnte er aufgrund seiner sozialen Einstellung auch nie irgendwas reißen. Ich sage nur 3 Mark Lohn pro Arbeiter!! Wahnsinn. Insofern ist der Eintritt in die Kirche die logische Schlußfolgerung. Wahrscheinlich wird er sich als nächstes daranmachen und versuchen den Welthunger zu bekämpfen. Aber erst nachdem er die globale Klimaerwärmung in den Griff bekommen hat.

Von T habe ich schon lange nichts mehr gehört. Jedenfalls nicht seit von der Studentenbewegung in den medizinisch-industriellen-Komplex gewechselt und permanent die Krankenkasse bescheißt, wie alle Ärzte.

Ich muß unglaublich frustriert klingen, oder? Stimmt aber nicht, da ich jetzt Urlaub habe eigentlich ganz gut drauf bin.

Biertrinken können wir, wenn ich aus Griechenland zurück bin. Dann habe ich noch eine Woche Urlaub. Das wäre dann ab 15.10.

Schreib mal einen Termin. Bis dann. Gruß an V.

Hallo,

wie Du siehst, bin ich auch in die Web.de - Gemeinde eingetreten.

Ich hoffe, Ihr habt Weihnachten gut überstanden, ich fand es ganzschön anstrengend: Daß ich für meinen Papa immer noch die kurzen Hosen anhabe, daran habe ich mich ja schon gewöhnt. Aber zu Weihnachten schafft er es dann doch, einen noch mehr wie ein frisch geschlüpftes Küken zu behandeln als sonst. Jetzt ist es vorbei und mein Bedarf an R eigentlich für das kommende Jahr im Voraus gedeckt, aber das wird sich wohl nicht realisieren lassen. Silvester werden wir ruhig angehen lassen, nach der anthropologischen Jahrtausendwende im letzten Jahr nun die physikalische in angemessener Nüchternheit begehen. Das Wort Nüchternheit wird sich dabei wahrscheinlich eher auf das Ambiente beziehen als auf den physischen Zustand.

Ich hoffe, wir sehen uns auch bald mal wieder, mit C war ich bei den Rathenower Besetzern, wo es ganz lustig war, bis eine etwas überdosierte Tüte die Runde machte und wir beide schnell losmußten. Für mich und V schloß sich ein wunderschöner Schneespaziergang an, während C von M im über Fernbedienung beheizbaren Lieferwagen seiner Mutter nachhause chauffiert wurde.

So war das.

Beste Grüße an F

und schonmal ein wunderbares 2001

D

Ach, ich als toleranter Mensch bin gerne bereit für Dich und Deinen Spaß zu streiten und - zu zahlen. Sozialhilfe und Dosenbier scheint also möglich, Außenminister ist glaub ich auch 'n Scheißjob. Aber ob das Vs adliger Abstammung entspricht? Ich schick mal ein Care-Paket, damits nicht gar zu arg wird.

Ich für meinen Teil hab mindestens soviel Arbeit wie ich brauchen kann, bin aber auch noch nicht reich geworden. Ganz im Gegenteil fressen einem die Gören wahrlich die Haare vom Kopf. Naja, um genau zu sein die eine kleine verzogenene Stieftochter ist schon ganzschön anspruchsvoll, in erster Linie geht's dabei aber um Nervenanknabbern. Vater der kleinen T werde ich allerdings noch vor Ostern, womit dann die Rolle des Familienvaters ausreichend verfestigt wäre. Wäre eigentlich nur noch zu klären, wann das Kindelbier getrunken wird. Ostern bin ich wenn dann nur ganz kurz in RN. Nach Deiner letzten Äußerung bezüglich Weihnachten wirst Du aber wohl kaum da sein. Hier in der Gegend ist wohl dann die Radtour zur Hohenwartetalsperre an Himmelfahrt der nächste Höhepunkt zu dem ich Euch natürlich gerne begrüßen würde - allerdings nur mit guten Fahrrädern und ausreichender Fitness, es geht nämlich auch bergauf.

W

Besten Dank für Deine Unterstützung, Pakete sind jederzeit willkommen, Du kennst ja die Adresse.

V wird vielleicht demnächst ins Arbeitsleben eintreten, allerdings wird sie nur eingestellt, wenn die EU auch kräftig Fördermittel bereitstellt. Die sind noch nicht bewilligt und bezahlen will ja heutzutage keiner mehr für seine Angestellten. Warum auch wenns auch anders geht. Es gibt ja genug Leute, die umsonst arbeiten in Praktika, ABM und ähnlichem. Falls es klappt, hätte sie zumindest einen Einstieg als Physiotherapeutin, wenn auch die magere Bezahlung unsere finanzielle Situation erstmal unangetastet lassen würde.

Beteiligst Du Dich auch an der Aktions-Streik-Woche und läßt die Patienten Patienten sein? Aber das geht wahrscheinlich im Krankenhaus schlecht.

Letzte Woche war M mal wieder hier, er beantwortet Fragen nach seinem Studienabschluß immer noch konsequent mit „nächstes Jahr". Wir waren bei den genialen Melvins. Seit langem mal wieder ein positives Konzerterlebnis. B tauchte auch auf, erzählte wie immer viele lustige Stories und wir haben auch gleich eine neue Band gegründet. Die Proben werden wohl vorläufig per Videokonferenz mit Hstattfinden müssen. B. hat auch eine Familie gegründet und wohnt mit LAG und seinen zwei Söhnen in Berlin. Bei Dir ist es also auch bald soweit, meine herzlichsten Glückwünsche seinen Dir hiermit übermittelt.

Ostern werden wir auch kurz in R sein, allerdings hat da auch meine T Geburtstag und es wird sich kaum etwas vereinbaren lassen. Fahrräder besitze ich auch keine, gar nicht zu reden von der Fitneß. Von daher wird es wohl auch mit der Radtour nichts werden. Aber wir werden uns schon mal wieder treffen, auch wenn die Anlässe deutlich abnehmen, seit sich das fröhliche Studentenleben unserer illustren Rathenower Runde dem Ende zuneigt. M scheint noch immer in Spanien zu weilen, zumindest hat er seine Rückkehr noch nicht verkündet. Immerhin hat er in Form einer über weite Strecken unleserlichen Ansichtskarte von sich hören lassen. Sonst habe ich seit Weihnachten keine Lebenszeichen mehr empfangen.

Mein ehemaliger Mitbewohner G macht sich schon wieder auf den Weg nach Rußland, wo er für einige Monate weilen wird um sich inspirieren zu lassen für eine bevorstehende Schriftstellerlaufbahn. Auch in mir kommt das Fernweh wieder hoch und ich bewerbe mich in Brasilien. Allerdings ist auch hier die Praktika - Mafia am Werke und es werden nur Leute eingestellt, die sich über die Carl - Duisberg - Gesellschaft finanzieren lassen. Die vergeben 1000 Mark im Monat, wovon man auch in Brasilien zu zweit nicht leben kann. Du siehst, die Sache ist verzwickt und ich werde Deine Steuergelder auch weiterhin in Anspruch nehmen müssen. Immerhin sorge ich damit für mehr Beschäftigung in der staatlichen Verwaltung und sichere damit nicht zuletzt den Arbeitsplatz unseres alten Freundes R.

Also bis denn

D.

Hallo D!

also wahrhaftig, bin seit So in KA. 12 std. mit dem wochenendticket - beim ersten mal hat das ja noch irgendwas gehabt, aber dieses mal wars einfach nur lang. wollte eigentlich schon um 5.50 uhr fahren, habe dann aber gnadenlos verpennt und bin letztendlich erst um 11.45 gefahren. das wollte ich eigentlich vermeiden, weil es mir mit sicherheit kürzer vorgekommen wäre, wenn ich so früh morgens gefahren wäre. heute kann ich das erste mal den pc von meinem vater benutzen, da er heute arbeitet. den ganzen tag bei meiner mutter od. immer in der stadt macht auf dauer auch nicht so viel spaß. das wetter war hier bis gestern auch nicht so toll, aber heute braucht man keine jacke mehr beim radeln. schätze, wir haben heute 15 grad. leider wechselhaft, d.h. mit regen muß man immer rechnen. bleibe jetzt noch eine woche hier. nächsten mi od. do gehts zurück nach berlin. da ich erst am 17.04. fahre, bleibt also noch etwas zeit. am wochenende werde ich mal nach offenbach zu meiner schwester fahren. das hat ja damals mit euch nicht geklappt. will jetzt mal endlich sehen, wie ihr club läuft. hoffe, mein vater leiht mir seine karre aus, ansonsten wird es wieder teurer und unpraktisch. viel erlebt habe ich bisher in KA noch nicht. außerdem nervt mich dieses mal das provinzielle. und das schon nach ein paar tagen, das gibt zu denken. immerhin habe ich jetzt mal einen freund erreicht, den ich heute abend treffe. ansonsten komme ich mir in meiner eigenen stadt recht fremd vor. wahrscheinlich werde ich nach meiner rückkehr aus russland trotzdem den sommer in KA verbringen (august, september). allerdings arbeitstechnisch. meine kohle fließt langsam echt den bach runter und meine frau mama hält sich diesmal ziemlich zurück dieses mal. das liegt wohl an den derzeitigen aktienkursen. dummerweise war sie letztes jahr schon fett im plus und anstatt die ganze brühe zu verkaufen, ist sie drauf sitzengeblieben. jetzt ist sie wohl gut in den miesen und ne kleine finanzspritze für russland kann ich mir wohl abschminken. sie haben zwar noch nichts gesagt, aber anscheinend sind sie nicht so begeistert über meine pläne. studium geht halt vor, da kann man nicht einfach wegfahren. und gleich 3 monate. mein gott, wo kommen wir denn da hin? das frage ich mich allerdings langsam auch, wo ich denn so überall hinkomme auf meiner reise. jedenfalls laß ich mich nicht nervös machen. meine eltern denken immer noch, dass mir die welt zu füßen liegt, wenn ich erstmal das diplom in der tasche habe. welch fatale annahme. arbeitslos werde ich sein, nicht mehr und nicht weniger. sie aber denken, ich wäre dann der einzige bwl'er oder so und man rennt mir die türen ein, lauert mir auf, bietet mir sonderzahlungen usw.. deshalb studiere ich lieber länger und laß sie in dem irrglauben, dass ihr sohnemann es noch einmal weit bringen wird. obwohl dieser glaube langsam am bröckeln ist, das merkt man schon. den staunenden bekannten zu erzählen, dass der sohn mit 34 noch am studieren ist, fällt sicher nicht so leicht. da müssen die eltern sich schon gut was vormachen, um weiter an die illusion zu glauben. jetzt hat gerade der herr papa angerufen. komisch, in berlin höre ich nichts von ihm und hier meldet er sich 2-4 mal am tag. was ist eigentlich aus dem job von v geworden. ist sie jetzt ordentlich am malochen. und was treibst du so den ganzen tag? macht das arbeitslose leben spaß oder hoffst du sehnlichst auf eine einstellung? wenn nur die geldknappheit nicht wäre, dann könnte man das leben schon aushalten. studieren ist ja der vorläufer zum nichts tun. so groß beansprucht wird man ja im studium nicht. deshalb denke ich, wenn ich erstmal fertig bin mit studieren und arbeitslos sein werde, fällt mir die umstellung nicht besonders schwer. aber erstmal muß ich fertig werden! so, jetzt versuche ich es mit etwas produktiven. schreibe gerade an einer geschichte, die mich stark an mein leben erinnert. immerhin, es wird die längste story, die bisher geschrieben habe. bei gelegenheit mehr, dann, wenn die sache druckreif ist oder so. werde noch öfters bei meinem vater rumhängen, d.h., würde mich über ein antwort freuen.

gruss W

Hallo W!

Besten Dank für deine Nachricht. Die Fahrt mit dem Wochenendticket ist wirklich ziemlich lang, aber eine normale Fahrkarte ja kaum bezahlbar. Mit meinen Eltern (besonders Vater) ist es ähnlich wie bei Dir. Zwar haben Sie nie geglaubt, daß ich mit meinem Studium große Karriere machen würde (was auch größenwahnsinnig wäre), sondern haben eher den arbeitslosen Akademiker (der ich jetzt ja bin) als Schreckensbild an die Wand gemalt. Seit ich allerdings fertig bin, scheint dieser pessimistische Realismus vergessen und man wundert sich, warum ich noch keinen Job gefunden habe und das Erstaunen wird noch größer, wenn ich verkünde, daß falls ich etwas fände, es wahrscheinlich nicht in Berlin sein würde. Geradezu blankes Entsetzen wird geäußert, bei dem Gedanken, ich könnte mich noch weiter von der Rathenower Heimstatt entfernen. Daß ich mich schon wieder nach Brasilien beworben habe, ließ ich aus diesem Grund lieber unerwähnt. Das Fernweh kommt in letzter Zeit wieder des öfteren auf, leider ist es recht unwahrscheinlich, daß der DAAD mich nach Brasilien verschickt. Ansonsten kann man nicht gerade sagen, daß ich einer Einstellung entgegenfiebere. Was man als Einsteiger so angeboten bekommt, geht kaum über ein Praktikum hinaus und wenn ich schon den ganzen Tag arbeite, möchte ich auch gut bezahlt werden, um dann mal wieder was größeres unternehmen zu können. Anscheinend erwarten die Leute zur Zeit alle, daß man umsonst arbeitet. Der Physiotherapeut, der V evtl. einstellen will hat Ihr jetzt einen Vertrag gegeben, der aber nur in Kraft tritt, wenn er von der EU beantragte Fördergelder bekommt. Wie es aussieht denkt der, er bekommt da ihren gesamten Lohn bezahlt, den er außerdem bei jedem Treffen mit V weiter heruntersetzt. Das

Arbeitsleben ist schon ein harter Brocken, trotzdem bin ich nicht traurig, daß ich die Uni hinter mir gelassen habe, man kann nicht sagen, daß mich die Atmosphäre da zu irgend etwas inspiriert hätte, eher im Gegenteil. Ansonsten habe ich mich gerade auf ein Volontariat bei der FAZ beworben. Das wäre was, womit ich mich auch anfreunden könnte, ohne dabei reich zu werden. Schreiben macht schon Spaß, zwar ist man da bei einer Zeitung ziemlich eingeschränkt, aber ganz ohne Antreiber bekomme ich auch nichts aufs Papier, das scheint Dir ja zum Glück anders zu gehen mit Deiner Geschichte. Aber wie das so ist, hat die FAZ im Bewerbungsbogen auch gleich vermerkt, daß sie nur sechs Stellen auf jährlich mehrere hundert Bewerber vergeben, also auch nicht gerade eine sichere Partie. Aber irgendwas wird sich schon ergeben, ich laß mich bestimmt nicht von Eltern und Ämtern verrückt machen, auch wenn es schon manchmal nervt.

Schön, daß Du noch eine Weile in Berlin bist, da können wir uns ja vor Deiner Reise noch sehen. Ostern werden wir zwar in R sein, da auch meine Mutter Geburtstag hat, aber das wird wohl nur eine Zwei - Tagesreise werden.

Also, melde Dich wieder, bis dann, Grüße von V

D

Hallo D!

Ich habe mich sehr über Deine Post gefreut . Sorry, dass ich mich so lange nicht gemeldet habe . Seit Dezember bin ich nicht mehr in der Manufaktur . Nach 7 Monaten Arbeitslosigkeit, habe ich am 1.07. eine sehr hart erkämpfte Umschulung zum Multi-media-Screen-Designer begonnen. Daher kann ich Dir auch eine E - mail senden . Kostet mich nicht mal etwas . Sag mal, wie lange bist Du jetzt eigentlich schon in B? Willst Du etwa dort bleiben ? Ich finde es jedenfalls echt gut, bewundernswert! Ich würde Dich auch gern mal besuchen. Wie wäre es, wenn Du mir mal wieder einen von Deinen genialen Briefen schreiben würdest, was Du so alles erlebt hast und noch erleben willst?! Du kannst mir natürlich auch eine E-mail senden . Wenn Du dann eine neue Adresse hast schicke sie mir bitte ,denn am Computer geht es bei mir noch nicht sooo schnell, schreibe ich lieber auch mal einen (normalen) Brief an Dich .Also ,ich muss wieder in denn Unterricht, wir haben z.Z. Naturstudium .Lass es Dir supertoll gehen und grüsse Brasil von mir. Ich freue mich schon auf neue Nachrichten von Dir. Macht der Arbeitsalltag Spaß?

Ich schreibe ja auch den ganzen Tag über den Berufsalltag von Prostituierten. Denen macht es wenig Spaß. Aber das kann ja bei Dir ganz anders sein. Ich finde auch sowieso, daß sich jeder prostituiert.Irgendwie.

Stell Dir vor, X ist gesund und trinkt wie früher. Es macht ja so einen Spaß, sich endlich wieder mit ihm zu beklingeln. Gestern haben wir im BC zusammen aufgelegt. Wir waren zum Schluß total am Ende. Auch mit unserem DJ-Versuchen. Aber das Bier hat so gut geschmeckt, daß X die Nacht bei mir verbringen mußte und heute morgen nicht allzugut aussah. Das war´s Schade, daß du meine

Arbeit nicht Korrektur lesen kannst. Ich hätte mich so über dein (Unwert-)Urteil gefreut. Schönes Wort. Habe ich in meinen Büchern gefunden. Grüß Frau und Kinder, die ollen Migranten. Hoffe, Du bringst sie mit in das Land wo Honig fließt und einem gebratene Tauben um die Ohren fliegen
Es grüsst Dich ganz herzlich W

Moin,

Wir sind wieder aus R zurück, wo wir den Geburtstag meiner Mama begangen und auf Ts Nachwuchs angestoßen haben. Sie heißt Telsa und R konnte sich nicht verkneifen, Vergleiche mit durchsichtigen Klebestreifen und tschechischen Tonbandgeräten zu ziehen. In Wirklichkeit taucht der Name in irgendeinem Film auf, den die beiden Erzeuger gut fanden. Auch M kannte diesen Streifen und machte sich auf, die Namensgebung anhand der Coolness des Films zu verteidigen, natürlich nicht ohne dabei regelmäßig durch Rs sarkastische Bemerkungen unterbrochen zu werden. Dazu vernichteten wir die bereits zehn Jahre im Keller gelagerten Weinvorräte von Ts Vater, der glücklicherweise aushäusig war.

Ein paar Tage vorher war M hier, wir haben ein bißchen auf der Gitarre rumgeschrummelt und den Abend im "Havanna" ausklingen lassen. Die Hornhaut auf den Fingern kommt langsam zurück und meine Gitarrenkünste nähern sich wieder dem alten Niveau an. Es wird also Zeit, daß wir mal eine gemeinsame Probe veranstalten, fragt sich nur wo.

G ist gestern für drei Monate nach Rußland abgereist und hat mir noch eine 70seitige Erzählung von ihm zum Korrekturlesen hiergelassen, der ich mich jetzt widmen werde.

Laß mal von Dir hören, Grüße von V

D

hallo d, danke fuer deine mail. bin also wieder in irkutsk. heute treffe ich v - vielleicht lueftet sich dann das geheimnis, wie er so sein geld verdient. bin schon sehr gespannt auf ihn. mir gehts recht gut, ausser dass ich hier bei 30 grad halsschmerzen habe. kam wohl von der tunneltour, von der wir gestern zurueckgekehrt sind. es handelte sich dabei um eine stillgelegte eisenbahnstrecke, die 80 km lang ist, 39 tunnel hat und malerisch am baikal entlang fuehrt. zum glueck wusste ich, was einen dort erwartet. essen muss man sich hier immer mitnehmen, wenn man einen ausflug in die natur macht. in 3 tagen haben wir kaum einen menschenseele gesehen. von einem laden ganz zu schweigen. am letzten tag hatten wir eigentlich nur noch wasser, aber man muss das auch relativieren, da wir wussten, dass wir demnaechst wieder in der zivilisation ankommen, war das halb so schlimm. jetzt im nachhinein ist ja immer alles super. war es aber auch. trotz der qualen. als stadtmensch habe ich aber auch gemerkt, dass ich es auf dauer in der natur nicht aushalten koennte. alleine diese mueken und bremsen und fliegen, - schrecklich und unnoetig. ausserdem macht einen diese nie endend wollende ruhe mit der zeit ganz schoen zu schaffen. wenn man in dieser stille dann nur das kleinste geraeusch hoert, zuckt man genauso zusammen wie in der grosstadthektik. bei mir ist das jedenfalls so. S hat wieder ein paar blasen am fuss, aber insgesamt nicht so schlimm wie im altai. der kauf von turnschuhen anstelle von schoenen sommerschuhen vor einer woche zahlt sich wohl langsam aus. morgen gehts auf die hauptinsel olchon, die auch sehr gut kenne. da heisst es diesmal mehr auf die produkte achten. am sonntag fahren wir wohl wieder nach saratov zurueck. 4 tage dauert die zugfahrt, dass ist wirklich zermuerbend. in berlin werde ich mal zusammenrechnen, wie lange ich so im zug gesessen habe. irkutsk ist von allen russ. staedten wirklich die hektischste. viel zu wenig busse. an allen haltestellen stehen massen von menschen. zum gluck gibt es diese marschrutkas, die bloss 2 rubel teurer sind. ohne die koennte man es hier wirklich nicht aushalten. wir wohnen ja bei dina und s (ziemlich ausserhalb), was natuerlich sehr nett ist. aber was mir hier auffaellt - das land ist so gigantisch, aber die leute wohnen so eng beisammen, was natuerlich seine ursache in der permanenten geldnot hat. zur zeit pennen wir zu fuenft in einem kleinen zimmer und letzte nacht habe ich wirklich deshalb nicht schlafen koennen und mittlere zustaende bekommen wg. der hitze und der enge. ich weiss nicht - ist das gewoehnungssache oder koennen wir uns das nicht mehr aneignen? ok, fuer heute genug. habe ich mich eigentlich schon fuer deine korrektur bedankt? vielen vielen dank. in berlin werde ich mich gleich an die arbeit machen. in einem monat bin ich ja schon auf dem rueckweg. gerade haben wir die bestaetigung bekommen, dass wir 2 plaetze mit 2 anderen deutschen bekommen haben. von talinn aus mit der faehre nach r. s wollte das unbedingt machen und schlecht ist es ja sicherlich nicht. also, die naechste mail kommt wahrscheinlich wieder aus saratov.

w

Hallo Herr W!

Klingt das nicht albern? Es scheint, als würde die gute alte Standardformel "Sehr geehrte..." von dieser Form abgelöst. Wenn man die überlieferte Variante heutzutage noch verwendet, muß man damit rechnen, an die Antwort ein P.S. angehängt zu bekommen, worin man darauf aufmerksam gemacht wird, man könne seine Briefe auch etwas informeller gestalten, weil das die Kommunikation erleichtere. Ich habe lange überlegt, was das heißen könnte. Durch scharfe Beobachtung habe ich dann herausgefunden, daß sich langsam aber sicher die Begrüßungsformel "Hallo Herr/Frau ..." und der Abschluß "Beste Grüße..." oder "Gruß..." durchsetzt. Das kann ich natürlich nicht erlauben und verwende deshalb strikt die Standardformeln und werde mir überlegen, nach der Weltrevolution eventuell das gute alte "Hochachtungsvoll, Ihr ergebenster..." wieder einzuführen.

Ja, die Zeiten von Sozialhilfe und Dosenbier sind vorbei, jetzt wird auf Arbeitslosengeld und Spätburgunder zugearbeitet.

Was Dich als Mediziner sicher brennend interessieren wird: Ich habe mich bei der Betriebskrankenkasse von Doktor Oetker eingeschrieben. Eigentlich wollte ich mich im Internet bei der billigsten Krankenkasse einkaufen und es gibt noch billigere als Oetker. Aber als ich diesen Namen gelesen habe, schweiften die Gedanken zu Bergen aus Vanillepudding und diese orale Konditionierung aus Kindheits- Zeiten hat wohl dazu geführt, daß ich einfach nicht anders konnte, als auf der Stelle dort Mitglied zu werden. 11,9% meines Salärs gehen jetzt in die ärztliche Versorgung der fettleibigen Vorkoster von Instant- Schlemmereien.

In tiefster Devotion, Euer

D

58

Hallo Herr D,

hab' mich ja durchaus köstlich über Deine mail amüsiert. Die Krönung war sicher die BKK Oetker. Ist die erste Lieferung Pudding denn schon eingetroffen? Freue mich auf jeden Fall schon auf den nächsten Berlin-Besuch, der nun zwangsläufig ansteht.

Unser Binnenumzug von einem Zimmer ins andere ist mittlerweile in so vollem Gange, daß man nicht mehr treten kann, trotzdem wir gleichzeitig auf nunmehr bürgerliche Maße expandieren. Nur gut, daß ich in der Klinik dank erfolgreicher Rotation gut entspannen kann. Obwohl ich manchmal ein schlechtes Gewissen habe wenn ich die schwitzenden Kollegen der alten Station am Mittagstisch treffe.

Zu Deinen germanistischen Studien kann ich leider nur den Konservatismus meines Berufsstandes zu bedenken geben. Wir verbleiben bislang bei der ausdrücklichen Ehrung unserer Adressaten. "Hallo Herr Professor" klingt vielleicht auch gar zu heiter in unserem ernsten Geschäft. Sogar im wissenschaftlichen Bereich muß man sich allzu großer Lockerheit enthalten, beispielsweise durfte ich ja meine Promotion mit Verweis auf deren "anekdotenhaften Stil" noch einmal korrigieren. Schade eigentlich.

S war begeistert, E von der Abwesenheit seiner Lieblingsschüler enttäuscht, aber zu viel verpaßt haben wir sicher nicht, zumal im Juni sowieso das 10 Jahrespennetreffen ansteht.

Unser Binnenumzug ist jetzt Schnee von gestern. Js eigenes Kinderzimmer hat sich äußerst vorteilhaft auf unseren Spannungszustand ausgewirkt und insbesondere D genießt, nicht mehr im Kinderzimmer zu wohnen. Von dieser ganzen Situation will sich jetzt auch gleich meine Mutter für eine

Woche überzeugen. Slowly progressing formen wir sie langsam zur coolen Wunschgroßmutter um.

Nachdem ich am letzten Wochenende grad unter 146 anderen Promovenden von Sigmar Gabriel dem alten Unsympathen beglückwünscht wurde, stehen nun erstmal einpaar verdienste Wochenenden bevor. Und für einen Nachmittagsausflug ist Berlin dann doch zu weit weg.

Am 24.11. planen wir aber schließlich eine kinderlose Nacht in Berlin. Könnte mir gut vorstellen, daß die im Maria und mit Euch stattfindet. Vorher würde ich dann auch supergerne ein paar relaxte Stunden an einem gutgedeckten Tisch verbringen. M ist auch schon alarmiert. Hoffentlich klappts. Unsere Übernachtung muß allerdings in RN stattfinden (Zug 4 UHR) da T noch existentiell von D abhängt und somit wartet.

In jedem Fall bin ich aber vom 22. bis 24.12. in der alten Heimat, E freut sich auch schon.

W

Hallo,

dieses Wochenende machen wir wieder nichts besonderes. Das Wetter ist ja sehr bescheiden und ich bin schon etwas erkältet. Letztes Wochenende waren wir einen Tag in Lübbenau, sind umhergewandert und haben eine kurze Bootsfahrt gemacht. Trotz Mittagssonne war es dann doch etwas kalt, aber wir haben uns im örtlichen Thermalbad wieder aufgewärmt. Das war ein schöner Tagesausflug. Das können wir ja noch mal zusammen machen, wenn es ein bißchen wärmer und grüner geworden ist. Dann wird es dort wahrscheinlich auch nicht mehr so schön ruhig sein, wie am vergangenen Wochenende, aber man kann eben nicht alles haben.

Ich betreibe gerade eine Testversion von Bs überarbeiteter Homepage. Die müßt Ihr Euch mal ansehen und berichten, ob es noch Fehler gibt. Manchmal verändert sich nämlich das Erscheinungsbild, wenn man sich die Seite von einem anderen Computer aus ansieht, auf dem andere Programme drauf sind.

B habe ich am Dienstag bei einer Diskussionsrunde getroffen, wir konnten allerdings nicht viel reden, weil er zu spät kam und ich früher gegangen bin, weil mir das zu lange ging. Die Studenten und Professoren fangen eben nicht ganz so früh an und sind dann am Abend noch fit. Gestern waren wir wieder sudanesisch essen, da gibt es hier in der Grünberger Straße so einen Imbiß, wo man aber auch ein komplettes Essen am Stehtisch bekommt. Da müssen wir das nächste Mal wenn Ihr hier seid auch mal hingehen, sind alles undefinierbare Sachen mit Maniok und Kichererbsen und so weiter, aber alles ziemlich lecker.

Mit M war ich letztens auch da, er hat mich von der Arbeit abgeholt, weil er sich mal die Hellersdorfer Jugendarbeit ansehen wollte. Er will dieses Jahr keinen Job mehr suchen, sondern erstmal den Sommer genießen, nachdem er so hart für seine Diplomarbeit gearbeitet hat. G hat die seinige nun auch abgegeben und fährt nächste Woche nach K. Da ist es um diese Zeit meist schon etwas wärmer und er wartet dort jedes Jahr ab, bis der Frühling auch in Berlin einzieht, um dann in seine Wahlheimat zurückzukehren. Er arbeitet dort meist auch, weil es in K einfacher zu sein scheint, einen Studentenjob zu bekommen.

Wie haben Euch denn die CDs gefallen? Manche Sachen von David Bowie sind ja ziemlich experimentell, da muß man sich zuerst reinhören. Aber es gibt ja auch einige ganz eingängige Sachen.

Ich habe mich aus der neuen Bandgeschichte wieder ausgeklinkt, weil mir das einfach zuviel wurde, außerdem war V davon auch schon genervt. Die letzte Szene war dann, daß B sich mit V darum gestritten hat, ob es denn o.K. wäre, dass wir auf "Welttournee" gehen, er aufgebracht, weil sie nicht mitfahren will und sie ängstlich, daß ich sie wegen der Geschichte sitzenlasse, dazwischen ich alter Gitarrenstümper, der an nichts von dem ganzen Plan glaubt: Das war schon eine absurde Situation, aus der ich mich einfach rausgezogen habe. Den Kontakt zu C will ich deshalb natürlich nicht abbrechen lassen.

Ansonsten ist hier alles klar. V hat schon wieder einen neuen Job. Diesmal sind die Arbeitskollegen sogar sympathisch und sie hat außerdem einen richtigen Vertrag bekommen. Das scheint für Physiotherapeuten eher ungewöhnlich zu sein. Der Haken ist, daß die Sache in Spandau abläuft, was über eine Stunde Fahrtzeit mit sich bringt. Bei mir: Arbeit ist cool, zumindest zum Teil. Der Jugendclub und die Leute da sind vollkommen o.k. und auch mein Chef ist ein ziemlich abgefahrener Typ. Meine andere Schreibtischtäterstelle gebe ich zugunsten von der Berufsvorbereitung auf. Da bekomme ich dann eine 40-Stunden-Stelle. Die Freizeit leidet etwas, gerade jetzt im Winter habe ich das Gefühl, immer träger zu werden, aber wahrscheinlich habe ich unterm Strich um die Jahreszeit vorher auch nicht mehr unternommen.

Ich schicke Dir ein Foto aus unserem revolutionären Wohnzimmer mit.

Große Highlights gibt es meines Wissens in nächster Zeit nicht in Berlin. Aber wir finden dann schon was. Kommt einfach mal ein Wochenende vorbei.

Bis denn

D

Hallo D,

hoffe, ihr hattet bzw. habt eine schöne Zeit auf M. Heute hier am Ostersonntag ist auch hier in KA der Frühling ausgebrochen. Gerade habe ich mit einem Freund im Schloßgarten Boule gespielt. Macht richtig Spaß. Ich habe jetzt in meiner Geschichte das Ende geändert und auch sonst ein paar Sachen eingefügt. Lese es bitte bei Gelegenheit nochmals durch und schreibe mir bitte, wie du das jetzt alles findest (nur das Ende hat sich richtig verändert). Brauchst dich aber wirklich nicht zu beeilen. Ich weiß auch eh nicht, wohin ich meine Kurzgeschichten schicken soll. Zeitungen kommen nicht in Frage und für Verlage habe ich noch zu wenig Geschichten, finde ich. Arbeit habe ich leider auch noch nicht gefunden, aber jetzt über die Feiertage hat eh alles zu. Nächste Woche dann auf ein neues. Endlich kann ich Dir in Ruhe eine E-Mail schreiben. Ich habe nämlich in den letzten Tagen im Steuerbüro gearbeitet. Mit dem verdienten Geld kann ich jetzt endlich mir was schönes gönnen. Heute war ich auch schon shoppen, habe allerdings nur das gekauft, was wichtig war, eine neue Patrone für den Drucker. Ansonsten werde ich morgens entscheiden was ich am Tage so machen werde. Das neue Auto läuft und läuft und .... Auf jeden Fall sollte das Auto doch für M sein, damit sie wieder anfängt sich zu trauen, im Stadtverkehr zu fahren, denkste. Denn Papa fährt immer zur Arbeit und M darf Josef, wir nennen unsere Autos immer Josef, abends ihn vielleicht mal anschauen, aber mehr auch nicht. Da nutzt Sie natürlich jede Gelegenheit am Wochenende mit Josef zu fahren, aber ist doch relativ selten. Am Wochenende werden wir zu Oma fahren und diese Gelegenheit läßt sich T sicher nicht entgehen. Aber mal zu einem nicht so schönem Thema, das Zeugnis. Ich habe es eigent-

lich schlimmer erwartet, denn dieses Jahr war nicht unbedingtmeins. Ich stand neben mir und habe kaum einen Stich gesehen. Schriftliche Noten waren immer vernichtend, aber ich konnte am Schluß noch ein paar Zensuren verbessern, indem ich mich noch mal so richtig reingekniet habe. Der Durchschnitt ist eigentlich akzeptabel, 2,76. Ganz in Ordnung, aber es könnte besser sein. Also nächstes Schuljahr gleich auf den Hosenboden setzen und schuften, damit es nur besser werden kann. Am meisten freue ich mich schon auf die neue Bundesligasaison, denn wie Du sicher mitbekommen hast, bin ich in der letzten Saison öfter zu Hertha BSC gewesen und somit von D auf Hertha umgeschwenkt. Damit ich in der neuen Saison auch zu jedem Spiel gehen kann, nicht nur zu den Lullenspielen wo man noch Karten bekommt, sondern auch zu den Knallern wo man sonst keine Karten mehr bekommt, bekomme ich zum Geburtstag eine Dauerkarte. Vielleicht hast Du es ja mitbekommen, die Tour de Doping, oder auch Tour de France genannt, läuft auf Hochtouren. Ich schaue immer gespannt, wer denn wieder am meisten gedopt hat und somit gewinnt, aber teilweise nicht schlecht Herr Specht, coole Atacken und spannende Rennen. Aber wer weiß ob die alle sauber sind. Mit Fußball im Verein spielen haben ich aufgehört. Es hat keinen Spaß mehr gemacht, der Druck war einfach zu groß. Früher hat man zum Spaß gespielt, aber dann schleichend mußte man gewinnen und das hat dazu geführt, das alle sich anmeckerten. Dies macht wie Du Dir sicherlich vorstellen kannst keinen Spaß, also habe ich aufgehört. Außerdem gehe ich arbeiten, dies läßt die Zeit knapp werden. Also genug geplaudert, wenn Du mal wieder Lust hast, dann schreib ne Mail
cu soon W

Hallo W,

ich habe Deine Geschichte noch mal gelesen und ein paar Anmerkungen hineingeschrieben. Der Schluß kommt etwas unvermittelt daher, da mußt Du Dir noch was einfallen lassen, Vorschläge habe ich im Moment keine.

Um sie an Zeitungen zu schicken ist die Geschichte tatsächlich zu lang und mit Verlagen verhält es sich wahrscheinlich umgekehrt. Aber im Internet gibt es doch bestimmt Seiten, wo man so etwas veröffentlichen und vielleicht sogar mit anderen Schreibern oder Lesern ins Gespräch kommen kann. Ich habe mir gerade ein Programm besorgt und mich etwas kundig gemacht, könnte Dir also sogar eine eigene Seite ins Netz stellen.

Die Zeit auf M verging natürlich viel zu schnell, zumal wir - Anreise und Abreise herausgerechnet - nur drei Tage hatten, weil V noch keinen Urlaub bekommt. Wir haben uns ein Auto gemietet und sind viel umhergefahren. Das hat dann nach anfänglich anderslautenden Informationen doch noch ohne Kreditkarte funktioniert, auch wenn ich einen Schock bekam, als ich auf dem Flughafen angekommen die Kaution in Bar hinterlegen mußte. Damit hatte ich zwar gerechnet, nicht jedoch mit der Höhe der Summe, so daß ich Angst bekam, wir müßten unseren Urlaub aus Geldmangel im Hotelzimmer verbringen. Zu guter letzt haben wir dann doch sogar noch etwas übrig behalten, an drei Tagen kann man auch nicht viel ausgeben, wenn man zum Frühstück und Abendessen ein großes Büfett vorgesetzt bekommt. Wir sind nach Cala Figuera gefahren, wo sich das Meer ins Land hineinfrißt und man auf den Felsenformationen entlangwandern kann, wenn das Plastikband mit der Aufschrift "Policia local" überstiegen hat. Es war ziemlich stürmisch an diesem Tag und V hat von den an den

Felsen zu Fontänen aufschießenden Wellen eine unfreiwillige Dusche bekommen. Solche Naturerlebnisse tun immer besonders gut, wenn man gerade den langen grauen Winter in Berlin überstanden hat.

Auch in den Norden der Insel sind wir über verschlungene Serpentinenstraßen gereist, immer vorbei an den vielen Radfahrern, die sich hier hinaufquälten, um beim Herunterrasen ihr Leben zu riskieren. Durch stockdunkle Höhlengänge – die künstliche Beleuchtung war ausgefallen – gelangten wir zur Mündung des wohl einzigen mallorquinischen Flusses, der sich nicht gerade üppig ausnimmt.

Natürlich besuchten wir auch Palma, an dessen Strand unser Hotel etwas außerhalb lag. Wir ließen uns einfach treiben durch die engen Gassen vorbei an den Kirchen und Kathedralen zu den schönen Straßencafés und Kneipen.

Auch J – unseren kolumbianischen Freund, den wir in C kennengelernt hatten – haben wir besucht. Er arbeitet dort als Reiseleiter.

Hier in Berlin hat auch der Frühling Einzug gehalten, also herrschen in K wahrscheinlich schon hochsommerliche Temperaturen. Weißt Du schon, wie lange Du noch dort bleibst?

Beste Grüße auch von V

D

Lieber D, es war schön gestern, mal wieder deine stimme zu hören, auch wenn die verbindung nicht so gut ist. Wir hatten einen traumurlaub, die schweiz ist wunderschön! M und m hatten auch urlaub und haben uns viel gezeigt. Wir waren am rheinfall in schaffhausen am bodensee in konstsanz und auf der insel mainau, in zürich und in luzern am herrlichen vier-waldstätter see. Mit der gondel sind wir eine halbe stunde lang auf den 2132 m hohen pilatus gefahren (m ging ganz schön die muffe) . dort lag noch etwas schnee, - es war traumhaft schön!

Nach 6 tagen sind wir dann zu i und p in den schwarzwald gefahren und haben auch dort schöne ausflüge zum schwätzinger schloß und nach speyer unter nommen. Einen tag waren wir mit a und h unterwegs und hatten viel spaß. H ist mit seinen 88 jahren immer noch ein filou. V hat nach 40 jahren einen cousin wiedergetroffen. K und a haben nach-wuchs bekommen und es war in eisingen für trubel gesorgt.

Zu hause ist es aber auch schön, - t hatte 3 wochen ferien und hütete unsere wohnung.

Ein wochenende war er in potsdam, ist mit t im babelsberger filmpark gewesen.

Morgen feiern wir im semlimer golfhotel den 60. Geburtstag von a. Am 14. sind wir nach borgsdorf zu b eingeladen.

Wenn du deine anschrift mitteilst, schreibe ich ausführlicher.

Liebe grüße auch an v , bleibt gesund

W

Lieber W!

Leider hat es mit unserem Treffen in Berlin nicht geklappt, das Sandow - Konzert in Leipzig dauerte bis 3 Uhr morgens und ich sah mich nicht in der Lage in der Frühe nach Berlin zu reisen. Ich bin inzwischen in S und mir geht es bestens. Angekommen bin ich freilich etwas ermattet, obwohl der Flug diesmal nicht ganz so schlimm war, denn der Weiterflug nach Recife und die Busfahrt nach C blieben mir diesmal ja glücklicherweise erspart. Allerdings würde ich mir das Wetter des Nordostens herwünschen, auch wenn es einem dort oftmals zu heiß wird. Hier allerdings regnet es seit Tagen vor sich hin, die Temperaturen bewegen sich tagsüber so um die 15 Grad und schnellen wenn die Sonne für ein paar Stunden herauskommt rapide auf 28 Grad hoch. Aber das passiert selten, es ist halt Winter. Ich bin in einem sogenannten Deutschen Gästehaus untergekommen, das tatsächlich - zumindest für brasilianische Verhältnisse - ok ist. Das deutsche an diesem Gästehaus ist wohl der Besitzer, der mit der Vermietung seinen Lebensabend in Brasilien zu bestreiten scheint. Von S habe ich noch nicht allzuviel gesehen, die Stadt ist einfach zu groß. Fast zu jedem Ziel ist man mindestens eine Stunde unterwegs und wenn man einen geregelten Arbeitstag hat, kommt man da nicht dazu, viel zu unternehmen. Ich bin hier bei der IHK von 9 bis 17 Uhr mehr oder weniger beschäftigt. Von meiner Unterkunft aus ist die Kammer gut zu erreichen, allerdings wenn ich um halb 6 zurückkomme ist es schon dunkel und um etwas zu unternehmen, müßte ich noch besagte Wege in kauf nehmen. Deshalb lebe ich zur Zeit bem calminho, in aller Ruhe. Wenn ich mal herausgefunden habe, welcher von den tausenden Bussen, die täglich eine riesige schwarze Rauchwolke ausstoßend an mir vorbeifahren, mich zu welchem Ziel bringt, werde ich sicher auch etwas aktiver werden und die Stadt genauer erkunden. Zur Zeit akklimatisiere ich mich gerade mit der Zeit- und Wetterumstellung, dem unglaublichen Großstadtverkehr, der dadurch unheimlich schlechten Luft und dem ungewohnten Arbeitsalltag. Hier in der Kammer bin ich sehr freundlich aufgenommen worden. Zuerst war ich schon etwas geschockt von dieser Bürofabrik aus Glas und Metall, von Kameras und breitschultrigen Herren überwacht, Neonlicht, ständiger Hektik um einen herum, der elektronischen Stechuhr, an der man sich an und abmelden muß. Aber mein Chef ist von der ganz netten Sorte, auch neu hier und kann deshalb meine Startprobleme wohl nachvollziehen und läßt mir Eingewöhnungszeit. Ich werde als erstes eine Studie zur Ausbildungssituation bei den Mitgliedsunternehmen der Kammer machen. Es gibt hier in S über 800 deutsche Unternehmen, in den Prospekten der Kammer prangt deshalb die Überschrift: S größte deutsche Industriestadt der Welt. Ein Fragebogen ist in Arbeit. Außerdem werden wir eine Stellenvermittlung der Kammer im Internet einrichten.

V kommt am Wochenende her und wir werden uns eine gemeinsame Unterkunft suchen. Ich werde sie am Sonnabend vom Busbahnhof abholen, da hat sie dann eine 2 - Tage - Reise von CG hinter sich. Die Flugpreise sind hier immer noch viel höher als in Deutschland, die Busse sind in der Regel gut und relativ billig. Allerdings bei der Entfernung von 2000km wird die Reise auch im komfortabelsten Bus zur Strapaze.

Soweit für heute, um Berichte aus der Heimat wird gebeten

Beste Grüße D

supi, dass bei dir anscheinend alles so gut klappt. gerade überlege ich, ob du e noch kennengelernt hast oder nicht. ich glaube, du hast s gesehen, die mir übrigens die kaution überwiesen hat. sie wird wohl auf jeden fall mein ersatz werden. also mit e habe ich nicht allzu viel zu tun, aber das zusammenleben klappt gut. sie hat schon ordentlich die badewanne geschrubbt, obwohl ich das auch schon gemacht hatte. nachdem sie fertig war, glänzte das gute stück wie am herstellungstag.

die woche mit v war noch sehr lustig. v ist recht chaotisch und die unterhaltungen sind es auch. wir wechselten die themen ungefähr alle 30 sekunden oder sprachen jeder über etwas anderes, immer schön aneinander vorbei. trotzdem registrierte jeder, was der andere gerade gesagt hat, und wenn derjenige es für wichtig genug befunden hatte, ging er sogar darauf ein.

letzten sa. war ja love parade, die ich großspurig umfuhr. als ich sa. mittag w anrief wg. dem rave am see, war dieser bereits weg. dumm gelaufen für mich. dafür waren s, u und ich beim grillen am paul-lincke ufer. schon das zweite mal in diesem sommer. gestern habe ich mein visum für rußland erhalten. leider wartet s immernoch auf die einladung. l meldet sich auch nicht mehr wg. der wohnung in st. petersburg, aber ich bin noch optimistisch.

mit meinen prüfungen läufts nicht schlecht, aber sie hängen mir doch zum halse heraus. die statistik schlug mir schwer ins gemüt. wahrscheinlich habe ich ein paar kilo abgenommen, das ist bei meinem untergewicht schon fast besorgniserregend. jedenfalls stehen jetzt noch 2 sachen an, auf die 3. werde ich verzichten, das wird einfach zuviel. wenn die gemachten sachen aber bestehe, kann ich mit dem semester sehr zufrieden sein.

in 2 wochen fahre ich ja schon nach D. danach wahrscheinlich gleich weiter nach KA. d.h., daß ich am 27.07 das vorerst letzte mal in der fhw bin. also vorsicht mit den mails. wenn ich meine hotmail-adresse eingerichtet habe, sag ich dir bescheid.

jetzt habe ich nicht auf das datum deiner letzten mail geachtet und weiß nicht, ob v schon ange-kommen ist.

s ist also größer als berlin. aber berlin ist echt zu laut. oder ich habe keine nerven mehr dafür.

die tel. rechn. betrug übrigens 80 dm. ich glaube, wir können uns das teilen.

man in zwei wochen muß ich schon aus meinem zimmer. kaum vorstellbar, daß dann 2 fremde bei uns wohnen. na, vielleicht werkeln sie ja ein biß-chen herum.

also, d, mail mal zurück

laß es dir gut gehen und gruß an die mir(noch) unbekannte freundin. mein tip. bring sie halt mit nach D.

ok bis bald

w

p.s. mitgekriegt, was in l gelaufen ist. a ist voll de-pressiv, h sein arzt hält ihn für hochgradig herzin-farktgefährdet und bei m in der kneipe lief eine soli veranstaltung zu ken saro wiwa, der ja bekanntlich in nigeria hingerichtet wurde. genau mein thema halt. hast du übrigens gewußt, daß der bärtige penner der r vom gleichnamigen verlag ist?

der komische alte, bei dem der kleine von h immer rumhängt, fängt jetzt langsam an zu spinnen. er gab ihm bier zu trinken und ich sag dir, daß nimmt kein gutes ende. irgendwie scheint der alte an dä-monen, hexen usw. zu glauben und zu h meinte er, er würde dem jungen nie etwas "absichtlich" antun.

Hallo hallo,

vielen Dank für die Nachricht. Inzwischen finde ich mich hier in S schon etwas besser zurecht. Ich besuchte die Pinacoteca, Ausstellung bildender Künste, wandelte im Parque da Luz und besichtigte (von außen) die Catedral da Sé im Zentrum, die leider wegen dringender Renovierungsarbeiten gesperrt ist, was hier bedeutet, daß im Inneren akute Lebensgefahr besteht und deshalb erst mal dichtgemacht wird bis Geld für die Restauration da ist.

Am Sonnabend holte ich V von der Rodoviária, dem Busbahnhof ab. Da es keine Bahnstrecken gibt wird hier der ganze kollektive Verkehr – den Flugverkehr ausgenommen versteht sich - abgewickelt. Deshalb ist die Rodoviária Tietê ein enormes Gebäude, das natürlich mit beschränkten Mitteln erbaut wurde und dementsprechend den dezenten Betoncharme diverser Spät – DDR - Bauten trägt. Der Bahnhof ist für brasilianische Verhältnisse recht gut organisiert, was die dort herumströmenden Massen von Brasilianern allerdings nicht daran hindert, irgendwie doch das Chaos aufleben zu lassen. Beispielsweise ist es hier nicht üblich, die Leute aus der ankommenden U-Bahn erst aussteigen zu lassen bevor man sich selbst hineinstürzt, was bei höherem "Fahrgastaufkommen" schnell zu Komplikationen führt. Jedenfalls fand ich V trotzdem, die mit drei Stunden Verspätung, also nach insgesamt 46 Stunden Fahrtzeit dort ankam. Sie hatte so ungefähr 60 Kilo Gepäck dabei, weshalb wir die Hälfte bei der Gepäckaufbewahrung lassen und noch einmal dorthin fahren mußten. Der Busbahnhof liegt mit den öffentlichen Verkehrsmitteln (U-Bahn und Bus) über eine Stunde von unserem derzeitigen Wohnort entfernt, für S keine besondere Strecke. Zur Arbeit habe ich es glücklicherweise nicht besonders weit. Am Sonntag waren wir dann

im Kino und haben uns den neuen Star Wars angesehen. Solide. Wir hatten uns ein Kino ausgesucht,
in dem es Studentenrabatt gibt, waren dadurch
allerdings wieder einige Zeit unterwegs. Ziemlich
ermüdend diese Herumfahrerei. Die Kinos sind hier
vorzugsweise in den Shopping – Centers untergebracht, die unglaubliche Ausmaße haben und auch
Sonntags öffnen. Es scheint, daß der Paulistano
sein Wochenende vorzugsweise hier verbringt. Inzwischen, habe ich mir sagen lassen, hat auch C
die Schande überwunden und ein solches Shopping
eröffnet, das sich jetzt anschickt, den Kirchen den
Rang des einzigen belebten Platzes am Sonntag
streitig zu machen.
Gestern mußte ich mich bei der Polizei registrieren
lassen, was bedeutet, Fotos machen zu lassen, tau-
sende Formulare auszufüllen, Kopien zu machen
und beglaubigen zu lassen, Gebühren zu bezahlen,
Fingerabdrücke machen zu lassen und alles jeweils
an einem anderen Ort und jedesmal Anstehen und
warten warten warten. So nimmt die Prozedur einige Zeit in Anspruch und ist anstrengender als ein
Arbeitstag bei Mc Donalds. Jetzt ist jedenfalls alles
geregelt.
Vielen Dank für die Lindenstraßeninfos. Ob V mit-
kommt nach D., wird sich noch zeigen. Wenn ja
bringe ich sie natürlich mit nach St. Petersburg,
damit Du sie endlich mal kennenlernst.
Laß von Dir hören, wenn Du Deine Hotmail -
Adresse hast, bis dahin mache es gut.
Grüße auch an S
D

Daß ich da jetzt auch gerne wäre, hatte ich schon angedeutet. Aber ich muß arbeiten, schuften wie mein Alter. Dafür gibt´s in der nächsten Woche Alpenurlaub und Watzmannbesteigung - hoffentlich. Letzte Woche lag wohl noch Schnee, wie mein alter Kumpel Ernst aus Berchtesgaden berichtete, anyway.

Die Schockernachricht des Wochenendes war, daß M sich auf die Intensivstation des Nienburger Krankenhauses aufnehmen ließ. Blutdruck 50/30 und Kotzerei, was dem nun wirklich zu Grunde lag ist nicht klar, heute haben sie ihn zumindest wieder entlassen, worüber er nicht sehr glücklich war. Am Telefon klang er richtig fertig. Hoffentlich wird das wieder, er vertraut da ja seltsamerweise auch in eher alternative Heilmethoden. Auch M ist so besorgt, daß er einen Besuch angekündigt hat.

Rs Hochzeit rückt immer näher, ich habe mir grad letzte Woche einen Anzug zugelegt, und die geniale Geschenkidee scheint leider geplatzt - kein Eisenschwein-Gespann am Markt. Ü ist da als einziger Mitstreiter leider eher wenig kreativ. Was zumindest feststeht - Geld gibt´s keins, nach dieser unverschämten Einladungskarte schon gar nicht:

Wir laden Dich herzlich zu unserer Hochzeit ein.
B & S
Liebe ist der angenehmste Zustand weiser Unzurechnungsfähigkeit.

Marcel Ayme

Im Standesamt Lüneburg werden wir am 21. August um 11:30 Uhr getraut. Anschließend würden wir uns freuen, Dich im Haus der Brauteltern in Garstedt zu begrüßen.

...und der Geschenke wegen mach´Dir keinen Kopf, wir brauchen weder Glas noch Topf, denn unser Haushalt ist komplett, doch unser Sparschwein wär´gern fett...

Eine rechtzeitige Zusage wird uns das Planen erlei-
chetern. Auf Wunsch werden Übernachtungsmög-
lichkeiten bereitgestellt.

Und nun freuen wir uns auf Dich und erwarten Dei-
ne Antwort bis 30. Juni. Tel 48 32 02 und 2 00 2429
B und S

Jut wa, ich hätte mir die Einladung zu Rs Hochzeit
doch ehrlich gesagt etwas anders vorgestellt, schade, daß Du nicht dabei sein kannst. Sonst hat sich
auch noch niemand für die vakante Rolle des Über-
raschungsgastes gemeldet. Aber ich schätze es wird
genug Bier geben.

See you later   W.

Hallo hallo,

es ist Freitag Nachmittag und getreu dem DDR - Motto "Freitag nach Eins macht jeder seins" schreibe ich mal wieder ein paar Zeilen.

Vielen Dank für die Nachricht. Berichte aus der Heimat sind immer willkommen, denn ich bin hier nicht besonders gut informiert. In Fernsehen und Zeitungen wird über Europa so gut wie nichts gezeigt. Die Nachrichten im Fernsehen sind allgemein sehr bescheiden und selbst der Monopolist "Globo" hat nur einen Europakorrespondenten in London, der vorzugsweise über die Geschicke der königlichen Familie berichtet.

In C hatte ich regelmäßig die Süddeutsche Zeitung im Internet gelesen, dafür bleibt mir hier in der Kammer keine Zeit und sonst habe ich keine Gelegenheit zum Surfen. Immerhin zum E-Mailen reicht es.

V ist auf Arbeitssuche, was hier nicht so einfach ist, wenn man niemanden kennt. Freie Stellen werden meist an Verwandte und Bekannte der Belegschaft vergeben und wenn mal etwas öffentlich ausgeschrieben wird, was in einigen Bereichen Pflicht ist, stehen sich dort hunderte von Leuten die Beine in den Bauch. Nach dem Vorstellungsgespräch folgen meist ein bis zwei weitere, dann wird den Bewerbern gesagt, sie sollen an einem bestimmten Tag auf einen Anruf warten. Die sitzen dann den ganzen Tag zuhause und nur einen erreicht wirklich das Telefonklingeln. Wenn überhaupt, denn oft wird die Stelle nur öffentlich ausgeschrieben, um den Gesetzen zu genügen, aber intern steht bereits fest, wer der Glückliche ist. Das ist für die Leute hier sehr frustrierend, um so mehr je dringender sie den Job brauchen. Und viele bräuchten ihn sehr dringend, oder vielmehr das Geld, das die Arbeit bringt. Es gibt zwar so etwas wie eine Arbeitslosenversicherung, aber ein Großteil der Arbeitsverhältnisse wird inoffiziell abgeschlossen, um die Abgaben und Steuern zu sparen und nach der Kündigung gibt es dann natürlich auch keine Kohle. Sozialhilfe gibt es nicht und so stehen viele schnell auf der Straße. Die Arbeitslosenquote liegt hier im Industriezentrum S zwar "nur" bei 20%, also niedriger als in R, im Nordosten und damit wohl auch in C allerdings bei 40%. In Deutschland wird ja vieles durch das Sozialsystem aufgefangen, da können wir uns wirklich glücklich schätzen, solange es dieses System denn noch gibt.

Am Sonntag werden wir wohl zum Konzert von Gilberto Gil gehen. Kulturell ist hier einiges los, aber es ist wie in Berlin: Man muß sich auskennen, um etwas Vernünftiges zu finden. Unter der Woche bleiben wir meist zuhause, wenn man arbeiten muß, lohnt es hier kaum wegzugehen, da die Wege einfach zu lang sind, es sei denn man nimmt es in kauf, am nächsten Arbeitstag durchzuhängen. Aber dafür fehlt mir glaube ich langsam die Kondition. Man wird halt nicht jünger.

Telefonisch bin ich erst ab 18 Uhr zu erreichen.

Abends schaue ich mir die telenovelas (Soap - Operas, die hier von mittags bis um 22 Uhr laufen) an. Filme gibt es dann erst nach 10, so daß ich regelmäßig in irgendeiner der zahllosen Werbepausen einschlummere.

In diesem Sinne, beste Grüße

D

Oi D,

danke für Deine Post. Es ist der zweiter Versuch, dir zu antworten. Ich bin seit 3 Wochen in P de M bei meinem Bruder. Ich bin auf der Suche nach neuen Perspektiven und Möglichkeiten. Hier werden sehr viele Leute gebraucht, die Deutsch können. Bis jetzt habe ich ein paar Angebote, aber noch nicht das richtige gefunden. Meine Familie kommt dann für 2 Wochen demnächst. Hier ist sehr heiss und munter aber allerdings zu klein für mein Geschmack. Ansonsten geht es mir den Umständen entsprechend. Ich würde schon gern wieder nach B, aber ich weiss nicht wie und wann. Ich freue mich, dass es so gut mit deinem Praktikum klappt. Es ist bestimmt interessant und wichtig wegen den Verbindungen für spätere Möglichkeiten. Was S betrifft, so glaube ich, dass es auch sehr interessant ist, selbst wenn mit viel Stress verbunden. Und die Tatsache, dass du deine V bald bei dir haben wirst, wird dir helfen, dich anzupassen. Ich weiss noch nicht, wie lange ich hier bleiben werde. Du kannst aber vorläufig an die email Adresse meines Bruders schreiben.

Wenn es geht, schicke mir die Internet Adresse der Stellenvermittlung von der Du gesprochen hast, von der IHK. Ich würde auf jedem Fall versuchen, mich einzuschalten bzw. etwas zu finden. Extra, um Dir mal ein paar Informationen zu beschaffen bin ich am Wochenende in RN gewesen, in den Zeitungen steht ja dank Sommerloch auch nix mehr. Es gibt ´ne neue Kneipe im Waldschloß, die DVU hat überall plakatiert und von den paar Laternenmasten, die freiblieben grinsen so dämliche Fratzen wie Dombrowskis, Schönbohms, Lenz´, Stolpes und Hildebrandts. Dazu gibt´s dann komische Grünrökke, die "in ihrem Job soviel Annehmlichkeit wie möglich haben sollen"(sagt Dombrowski, der eine neue Bullenstation bauen will) und bis dahin aus Protest arme unbeleuchtete Fahrradfahrer verfolgen, die aber die örtlichen Gegebenheiten besser kennen und entfleuchen können. Alles beim alten, sozusagen.

M ist auch wieder gesund (wenn man mal vom Zahnarzttermin absieht), niemand weiß, was er hatte. M entwickelt sich zum Aussteiger. U hat keine ES als Rs Hochzeitsgeschenk organisiert - wir werden dann wohl nalso auf die gescheiterte Schlingensieff-Aktion "Rettet den Kapitalismus" zurückgreifen müssen, bei der er 100.000 DM in kleinen Scheinen vom Reichstag regnen wollte. Ein kleiner Geldregen auf der Hochzeit - kommt bestimmt gut. Störgäste haben sich nun nicht angekündigt, schade, daß D so weit weg (und vielleicht auch schon verheiratet ist).

Sorry, eingeschlafen!   W.

Hallo hallo.

Vielen Dank für Deinen Brief. Ich nehme mir mal wieder etwas Zeit, ein paar Worte nach Deutschland zu schicken. Von dort ist ja nicht viel zu hören, die Hitzewelle scheint auch eine Trägheitswelle nach sich zu ziehen. Oder hatten sich alle schon so fest auf den Weltuntergang am Tag der Sonnenfinsternis eingerichtet, daß sie von dessen Nichteintreffen völlig überrascht und schockiert gar nicht mehr wissen was sie anfangen sollen und nur noch lethargisch vor sich hinsabbern?

Tanto faz, würden die Brasilianer sagen, was soll's. Hier ist jedenfalls alles klar.

Am Wochenende reisten wir nach Petropolis, um wenigstens für einen Moment aus der Großstadt zu fliehen. Die brasilianischen Könige nutzten dieses Städtchen in der Nähe von Rio, um im Sommer in den Höhen der Berge Zuflucht vor der Hitze zu finden. Allerdings war es dieses Wochenende elend kalt und regnerisch. Wir brachten also viel Zeit in unserem Hotel zu, das wohl eigentlich eher zum stundenweisen Vermieten gedacht war. Aber ganz gut eingerichtet, im Gegensatz zu anderen Hotels, die wir vorher besichtigten. Wir schlurften in Filzlatschen durch den Sommersitz von Dom Pedro II, der gut erhalten ist und beeindruckt mit seinem Prunk und durch die Häßlichkeit der königlichen Familienmitglieder, die dort in Öl auf Leinwand abgebildet sind. Dabei haben die Maler doch aus Angst vor Repressalien schon immer beschönigt, wo es nur ging, mein Gott. Die Umgebung dort macht einen netten Eindruck, bergig, Häuschen in heimischem Fachwerk, da fühlt man sich doch wie zuhause.

Ich habe auch gleich beschlossen, nach meinem Praktikum nach Blumenau zu reisen, zu Oktoberfest, Weißwurst und Brezen.

V hat keine Arbeit gefunden und sucht jetzt auch nicht mehr. Sie wird wohl im Oktober mit nach Berlin kommen.

Jetzt ist Mittagspause und ich werde mich gleich in das hauseigene Selbstbedienungsrestaurant begeben, das eine gute Küche hat und sich vor allem dadurch auszeichnet, daß die Handelskammer die Rechnung übernimmt. Ich habe schon einige Kilo zugelegt und hoffe, Ihr erkennt mich im Oktober wieder.

Bis dann

D

Da scheint´s ja wirklich wenig relevante Information auf die andere Seite der Welt zu schaffen. Ich will jetzt hier auch keine großartigen Gerüchte verbreiten aber ich vermute ganz stark, daß schon in diesem Monat einer nicht vernachläßigbar großen Zahl armer Parkbankschläfer und Campingtouristen richtig kalt am Arsch wurde. Der Winter kommt definitiv. Bislang keine Todesopfer hierzulande.

Die Grüße an die Hochzeits-Veranstalter und Gäste habe ich natürlich wie gewünscht überbracht, was leider aber zu keiner sichtbaren wahrnehmbaren Rührung geführt hat.

F besaß leider nicht die Coolness uneingeladen aufzukreuzen. Obwohl das ganze Theater um geladen oder nicht, wirklich schlecht nachvollziehbar ist. Es gibt einfach Leute (wie z.B. Kumpels seit 20 Jahren) wo man prinzipiell berechtigt ist mitzufeiern. Außerdem glich die Veranstaltung auch eher einem Dorffest, wo 5-10 Leute mehr nun wirklich nicht aufgefallen wären. Anyway, großartig war die Feier nicht. Von vielleicht über 50 Gästen waren höchstens 10 "Freunde" im jugendlichen Alter sonst ging´s da mehr um Verwandte und Nachbarn. Der Alleinunterhalter war grausam, "Ratzeputz"-Schnaps auch. U mußte am nächsten Tag aber dafür büßen, daß er mich dazu nötigte. Eigentlich hab´ ich´s leider wieder abbekommen als dem guten Mann später im Auto die Peristaltik des oberen Verdauungstraktes aus dem Ruder lief und er meinen guten Anzug bespuckte, die Sau.

Überhaupt war Ü etwas nervig, als er minimalen Einsatz für unser gemeinsames Hochzeitsgeschenk verweigerte. Ich verzapfte dann noch schnell einen Geldkoffer, aus dem wir in Schlingesiefscher Manier 100.000 in kleinen Scheinen verstreuten, not to bad.

Hoffentlich bringen wir am kommenden Wochenende noch ein Treffen mit den Eheleuten und F in RN zusammen. Ich werd´ mich in diesem herrlichen Provinznest auch grad mal für ein paar Lernwochen festsetzen, Finanzkrise. E-mail gibt´s da natürlich nicht.

Politik findet in Deutschland erst seit heute wieder statt, der Kanzler ist aus dem Italienurlaub zurück und verbietet allen SPDlern zu denken, zurück ins´s Glied. Spannendes passierte schon seit Wochen nicht. Und wahrscheinlich auch nicht viel, bis Du zurück bist .

Ach, by the way, meine herzlichsten Grüße zu Deinem Jubiläum.

Praise the lord!   W.

Lieber D! Als ich gestern nachschaute, was denn da so angekommen ist, während wir in Bayreuth weilten, fand ich auch deine Meldung vor, die ich glücklich gleich heute beantworten will. Das passt ganz gut, da ich den heutigen Tag nach nur einer Frühfahrt complett am Compi bei netscape verbracht habe und nun - nach inzwischen 14 Stunden - meine hoffentlich letzte Mail für heute verfassen und an dich schicken will. Einen evtl. leicht erhöhten Fehlerquotienten bitte ich gnädig zu übersehen.

Deine Vermutung lag gar nicht falsch, dass allzuviele ernsthaft meinten, SOFI brächte den Weltuntergang.

Ansonsten ist die deutsche Politik ähnlich mies wie der deutsche Fußball. Und obgleich die SPD jetzt viel Mist macht und Schröder sich als genauso ätzend geriert wie ich das schon immer von ihm erwartet habe, so kann mich das dennoch nicht erfreuen, auch wenn es der PDS einige zusätzliche Stimmen zuführt, weil Wandel nur langfristig und niemals ohne SPD möglich sein wird, so dass das Gesamtanliegen nichts gewinnt, wenn diese Partei sich nun zerfleischt. Am ende wird es so aussehen, dass die SPD ein drastisch Teil der neoliberalen Drecksarbeit rabiat und zügig durchzockt, was die Union, v.a. die CSU immer nur langsam und häppchenhaft gemacht hat und dafür die Unterstützung des Kapitals z.T. eingebüßt hatte. Die SPD wird dafür aber bitter abgestraft werden, weil ihre Wählerklientel das nicht wollte und nicht so glatt verzeihen wird. Eine kaum erneuerte Union wird dann, noch bevor sie ihren Weg entschieden abgeklärt hat, das Ruder zurückholen und kann der SPD dann dankbar dafür sein, dass diese ein gut Teil dessen gemacht und sich daran zerschlissen hat, was auch der Union nicht erspart geblieben wäre zu tun und wofür sie nun nicht mal selbst einstehen müssen wird. Details sind allermeist Possen, und entsetzlich ist die ungeheure Arroganz und Kälte, mit der die SPD ihre Koalitionäre traktiert, die offenbar nie als Partner sondern stets nur als Störer an der Alleinherrschaft empfunden werden. In NRW hatte sich das schon lange gezeigt und war nur etwas zurückgetreten, als man einzusehen begann, dass ein zerrüttetes Bild dem Bundessieg abträglich geworden wäre.

Dass V nichts zu arbeiten hat, ist sicher doof und belastet sie hoffentlich nicht übermäßig. Ich sehe das ja an meiner Frau S, die auch fruchtlos Bewerbung um Bewerbung verschickt, womit sich auch meine Aussichten verschieben, dass es mit mir mal anders werden könnte. Wisst ihr denn schon, wann ihr nach Berlin kommen wollt ? Wie finanziert ihr ihre Tickets? Wie verhält sich das mit Visa, Aufenthalts- und Arbeitserlaubnis? Gut denn, Für heute kapituliere ich, morgen fahre ich zur HuF-NRW nach Essen. Vom BASS habe ich nicht viel gehört, nachdem H endlich teilabgesetzt ist, d.h. er behält Titel und Stip und sagt dafür nichts mehr. Das sollen 2 machen, die politisch fähiger sind, die aber beide in Lohn und Brot stehen, z.B. im Landtag NRW bei der WISS-Pol MdL der SPD... So das solls gewesen sein - Gruß bis zum Wiedersehen Dein Freund W

...nicht böse sein, daß es etwas gedauert hat. Ich sagte doch - große Teile von R sind nach wie vor unvernetzt. Nicht so der Bruno-Baum-Ring und Familie W, wie ich von T erfahren konnte, der sich damals gerade das Gesülze von unserem alten, senilen Stolpe-Bock anhören wollte. Genützt hat´s ihm ja bekanntlich nicht viel, dem Manni - absolute Mehrheit futsch, General Schönbohm sitzt mit am Tisch und Frey´s Marionetten im Landtag. Shit happens. Den Saarländer, Thüringer und Sächsischen Sozialdemokraten (Hochrechnungen für letztere schwanken zwischen 10 und 11%, das schlechteste Ergebnis aller Landagswahlzeiten in Bundesdeutschland) ist´s auch nicht besser ergangen, die Bundesregierung ist schuld, sagen alle Verlierer.

Zum Wetter: gerade nochmal richtig Sommer. Eigentlich schon fast zu heiss, um vor die Tuer zu gehen. Aus Bolivien wurde mir ja in der letzten Woche zugetragen, es wäre Zeit für lange Unterhosen (kann natürlich auch der Höhenlage geschuldet sein) ... hoffentlich müßt Ihr nicht auch frieren. Hochzeitsexperte W beschwört ein lustiges Bild vor mein geistiges Auge, jetzt wo die langen Zottelhaare nicht mehr sind bleibt nur das Blümchenhemd und dazu die strahlend weiße Braut auf der Kulturhaustreppe? Ach nee, Du willst ja ohne Braut und in Jugoslawien heiraten - wie soll M dann überhaupt die Drohung nicht eingeladen zu werden verstehen, zur Pulle Wodka vorm Belgrader Rathaus?

Die Zeit in R war mal wieder in vielerlei Hinsicht sehr aufschlußreich für mich. Natürlich können Menschen, die jeden Tag höchstens MAZ oder BILD lesen nicht schlau und kritisch denken. Natürlich wählen Nazis die DVU und ihre handfesten Slogans. ("Deutsches Geld für deutsche Arbeit!", wo ist da der Protest?) Natürlich ist und bleibt U ein fauler Sack. Natürlich schien mir R bei weitem nicht so uncool wie M immer behauptet sondern sich eher ziemlich treu bleibend. F dagegen ist und bleibt uncool, gerade läßt er seine schwangere Alte erstmals richtig die Chauvi-Peitsche spüren. Und, last not least, S hat sich eigentlich so wahnsinnig unter Bs Pantoffel auch nicht verändert, ist er halt nicht mehr der frauenfeindliche, alkoholabhängige Maurer sondern der stille, schüchterne Typ, der er damals als Bürgelschüler schon war. Lesson learned. Soweit die news, ich muß

...weitermachen, weitermachen, duchhalten, duchhalten, ein klitzekleines Päuschen, ein Päuschen in Ehren, weitermachen, duchhalten, hochschalten, hochschalten...

D.

der seit längerer zeit vermißte w ist wieder aufgetaucht.

hier bin ich wieder.

alles gute erstmal nachträglich. schön gefeiert?

mein geburtstag gestern wird mir auf jeden fall in erinnerung bleiben.

s und ich versuchten von ka. nach b. zu trampen. das letzte mal vor 5 jahren klappte es noch wunderbar, aber leider haben sich die zeiten geändert. keine freaks mehr oder hippies in r4 oder vw. stattdessen fette karosserien mit geschniegelten geschäftsleuten, die allesamt versuchten, möglichst schnell an uns vorbeizuzwitschern. das ergebnis: 40km von ka. mußten wir 5 stunden auf den nächsten lift warten. das lustige: tatsächlich kam nach kurzer zeit ein althippie aus berlin vorbei und fragte mich, ob ich nen führerschein hätte. er meinte, daß er einen fahrer suche, um ihn und seinen alten mercedes nach berlin zu bringen. leider hatte die sache einen kleinen haken. zwei reifen waren platt und die bullen hatten die schlüssel beschlagnahmt. wenn der hippi einen fahrer finden sollte, würden sie ihm die schlüssel wieder aushändigen. allerdings nicht mit diesen reifen. der adac kam, die bullen kamen, aber aus der fahrt wurde nichts. der berliner hatte zu wenig kohle für neue reifen. übrigens weilte er schon 4 oder 5 tage an der raststätte und bekam sogar schon post. leider meinte es seine frau nicht besonders gut mit ihm. sie schickte ihm nur 50 dm. der typ kam übrigens aus dem urlaub. er hatte zwar keine fahrerlaubnis, fuhr aber trotzdem mit dem auto nach frankreich und spanien. dabei machte er sich nicht mal strafbar, weil er in kneipen und auf der straße leute ansprach, die als fahrer fungierten. so wie bei mir halt, bloß daß mittlerweile der wagen am arsch war.

wir sind aber auch so noch weggekommen. allerdings nur bis in die nähe von kassel, dann verließ uns der mut, weil es langsam dunkel wurde. von kassel gings weiter mit dem zug. insgesamt waren wir 14 stunden unterwegs.

ok, seit ein paar stunden wieder in berlin, habe ich nichts besseres zu tun, als dir zu mailen. ich hoffe, du weißt das zu würdigen.

am so. gehts übrigens los. sa. gibts noch einen kleinen umdrunk bei s, wo ich mich z. zt. aufhalte.

gerade eine neue mail erhalten. vielleicht bist du das ja.

bin gleich wieder da.

w

Hallo,

das Wochenende ist mal wieder vorbei, wir haben nicht viel unternommen. Habe in Ruhe die Veja gelesen, den brasilianischen "Spiegel". Zwei Neuigkeiten aus Deutschland wurden vermeldet, uns zwar daß Josef Fischer zum Most Sexy Men von Deutschland gewählt wurde und Steffi Graf als schönste Frau, was mich ganzschön wundern würde, wenn ich mich noch über irgendwas wundern würde. Die andere Meldung war weniger obskur, der Biograph von Josef Mengele hat gerade ein neues Output über Lady Diana auf den Markt gebracht...

V wird wohl nach Deutschland mitkommen und falls alles klappt, bringe ich sie nach St. Petersburg mit. Das wird die Visumsbeschaffung wohl noch um einiges komplizieren, aber irgendwie geht das schon alles. Wenn alles gut klappt und V sich entscheidet in D. zu bleiben, wirst Du Deinen alten Freund im März wohl als verheirateten Mann wiedertreffen, denn das ist die einzige Möglichkeit, einen dauerhaften Aufenthaltsstatus zu bekommen, kennst Du ja alles. Es gibt natürlich noch ein paar halblegale Tricks, wie die Einreise über Portugal, wo Brasilianer ein Jahr ohne Visum bleiben dürfen und nicht nur drei Monate wie in Deutschland. Und dann hoffen in D. nicht kontrolliert zu werden. Oder ganz illegal, aber das möchte ich ihr dann doch nicht zumuten. Wir werden sehen. Jedenfalls habe ich mich schon beraten lassen und werde eventuell demnächst auch nach D reisen müssen, da man dort in drei Tagen heiraten kann. In Deutschland kann sich das wohl über drei Monate hinziehen. Du hast D ja genossen, also warum nicht ein kleiner Kurzurlaub bei Bedarf. In Jugoslawien geht es wohl ebenso schnell, mit dem Vorteil, daß nur ein Ehepartner mit einer Vollmacht des anderen "heiraten" kann. Echt klasse. Erkundige Dich mal in Rußland, ob es da auch einfach ist, dann erledigen wir das vielleicht bei unserem Besuch in St Petersburg.

Wie Du siehst bin ich zum Heiratsexperten avanciert, eine Wendung, die ich noch vor einigen Jahren nicht vorauszusehen gewagt hätte. Überhaupt haben diese Brasilienaufenthalte einiges in meiner Sicht verändert. Die deutsche "Regelungswut" erscheint plötzlich in einem anderen Licht, wenn man gesehen hat, wie es abläuft, wenn sich keiner um irgendwas kümmert. Auch mit der "multikulturellen Gesellschaft" wird man vorsichtiger, wenn man sieht, wie zerrissen die Städte hier sind, die Ethnien sich in ihren Ghettos verschanzen und der versteckte Rassismus unter ihnen grassiert.

Wenn Du diese Nachricht bekommst, wirst Du schon in St. Petersburg weilen.

Habt ihr eine Wohnung gefunden und was hat S mit ihrem Zimmer in Berlin gemacht?

Hier läuft alles bestens, ich habe unter anderem die Betreuung der anderen Praktikanten in der Kammer übernommen. Es gibt hier immer so um die 5 Praktikanten, ist ein großer Laden. Da kommen auch einige Anfragen zu Praktika, die ich jetzt bearbeite. Mein Fragebogen ist zurückgekommen, es sind ein paar interessante Hinweise zutage getreten und ich werde noch ein paar Interviews bei bestimmten Firmen machen. Die Zeit vergeht schnell und ich muß mich anstrengen noch alles zu schaffen, was ich mir vorgenommen habe. Auf jeden Fall ist es hier interessant, auch wenn ich mir kaum vorstellen kann, hier für immer zu bleiben, schon weil die Stadt mich gelinde gesagt nicht gerade vom Hocker haut.

Aber wer weiß, vielleicht ändere ich auch diese Meinung noch mal irgendwann. Viele liebe Grüße D

Lieber D, am sonnabend waren wir in p zu ts geburtstag sfeier . wir haben ihm ein bmw-modellauto geschenkt, darüber hat er sich sehr gefreut. Die berliner waren auch da, g und m haben beim umzug tüchtig geholfen und in der diele einen tollen einbauschrank gebaut.die wohnung ist sehr schön, hell aber etwas laut von der straße her.

C war der star des tages. süß,die lütte und ganz brav. wir waren mittags in einer gaststätte essen. T war am nachmittag zu einer spd-wahlveranstaltung mit schröder, stolpe und hildebrandt und kam mit einem autogramm von schröder zurück. Er hat ihm ein feuerzeug geschenkt und angeblich hat sich der herr kanzler gleich damit eine zigarre angezündet, was aber M bezweifelt!

Am nächsten sonntag ist die landtagswahl in brandenburg und auch in r finden dazu viele veranstaltungen statt. Stolpe kommt am dienstag, mit ihm die puhdys. Wir sind noch unentschlossen, wem wir unsere stimme geben, von der spd jedenfalls sind wir arg enttäuscht.

ansonsten geht es uns gut, natürlich wünschen wir uns längere mitteilungen von dir, aber du hast vielleicht nicht oft die zeit dafür. wie habt ihr deinen geburtstag verbracht?

grüße euch beiden von w

sorry. Hatte fette mail an dich geschrieben, aber falsche Adresse, kam zurück, hab aber kein schimmer, wie man das so umaendert, dass man das nochmal verschicken kann. Bin auch seit ewigkeiten mal wieder in der Uni, wo ich schreiben kann. ausserdem gibt es nichts wichtiges zu erzaehlen, was man nicht im Oktober gelabern kann. Es sind hier wohl die letzten richtigen sommertage. sommer war schön, viel gelesen rumgehangen, selten gearbeitet und das leben genossen. den wahlkampf in brandenburg mit offenen Ohren und augen verfolgt, bei der CDU- wahlparty gewesen, wegen frei essen und trinken. Politik ist scheisse und ein echt schlechtes geschäft mit doofen, primitiven und karrieregeilen menschen. bin zum nichtwähler geworden, weil ich mich mit keiner dieser parteien identifizieren kann und möchte. wahlbeteiligung lag bei 52%. dann werfen dir sogar CDU- Votzen vor, daß durch mein nicht wählen die DVU reingekommen ist. Auch gab es ja so eine nette Gemeinschaftsaktion von allen Parteien ausser CDU, daß man wählen soll damit nicht die rechten reinmarschieren. "Wählt PDS, damit nicht die rechten in den Landtag ziehen." Also wenn der einzige Grund zur Wahlurne zu gehen darin liegt, zu verhindern, daß rechte Parteien über die 5% Hürde kommen, kann man Wahlen auch gleich abschaffen, was dann dazu führt, daß der Mehrheit das einzige Stück demokratischer Mitbestimmung entzogen wird. Bei der nächsten Wahl werde ich mich aber noch verbessern und meine Stimme ungültig machen. da SPD nur 39% bekam gibts Koalition. Obwohl des senile Stolpe noch am Wahlabend sagte: "Mein Herz schlägt links" gibts doch ne beschissene große Koalition mit der CDU. der Einzug der DVU in den landtag wurde von Ausschreitungen gegen die CDU begleitet. Angeblich sollen berliner Auto-

94

nome zwei Busse umgeschmissen und die Scheibe von einem eingedonnert haben. die DVU Repräsentanten rückten mit 20 kurzhaarigen, breitgeschulterten Gesinnungsgenossen in den landtag zu den abendlichen nach Wahl- Gesprächen ein. Hatten dann aber Schiss, das Gebäude wieder zu verlassen. Die ach so brutale Potsdamer antifa. In Kreis Wolsier und noch som Dorf bei R hat die DVU lockere 17% bekommen und da auch gleich ne Wahlparty gemacht. Die PDS wollte bei der Wahl auch nen bisschen rechte Wählerstimmen bekommen und hat ein wunderbares "Heimatliebe" plakat gestaltet. Dazu gab es noch ein Plakat mit dem Spruch "Ohne Arbeit keine Zukunft", dem ich in APPDscher Tradition nur ein lautes " Arbeit ist Scheiße" entgegenbrülle. Die SPD hat aber noch einen besseren Vogel abgeschossen und sich bei den Thüringer landtagswahlen brav an dritter Stelle hinter der PDS eingeordnet. Die Ost- SPD frißt seine Eltern. Dazu noch nen bisschen Fußball und so macht das Leben Spass. aufgrund des Nichtregens und den hohen Tempearturen haben wir uns öfter den Spass gemacht, den Fernseher aufs Dach zu schleppen, auf einen Schornstein zu stellen und schön Fussball oder Videos zu glotzen. Sollen die andern doch malochen, wir geniessen das Leben.
Aber bald wird das wieder kalt und dann muß auch irgendwann Diplomarbeit begonnen werden. Aber bis dahin labt sich in der Sonne
D

Lieber D.

Von Ende August datierte deine letzte Meldung - sollte ich ernsthaft so lange geschlunzt und nicht geantwortet haben? Allein dafuer muss ich mich schon sogleich entschuldigen. In Gedanken bin ich gar nicht so selten bei euch. Denn einerseits faszinierte mich die Vorstellung, dich als treuen Hernn Gemahl zu imaginieren, gleichzeitig kamen mir doch diverse Sorgen, wie es V wohl ergehen mag in B, wenn sie noch nie im Ausalnd, also noch nicht mal in Uruguay oder Chile war. Wie offen sind eigentlich die Grenzen untereinander fuer Angehoerige bzw. sonstige Einwohner der Mercosur-Staaten? Du hast auch geschrieben, schon im Oktober kaemest du zurueck. Den haben wir nun, und wo steckt ihr? Wird sich die Berliner Adresse wieder aendern, oder ueberlaesst dein WG-Partner euch das Feld? Bezeuglich deiner mail-Adresse ist einige Irritation aufgetreten, derentwegen ich im Adressfeld alles compiliere, was ich von dir habe. Vieleicht sagst du mir beigelegenheit, welche am guenstigsten fuer dich ist. Ich habe in lezter Zeiz allerhand Berichte zu Themen Suedamerikas verfolgt, was ich wahrscheinlich nicht getan haben wuerde, wenn du nicht da waerst. Seien es die Wahlkaempfe, die mit denen arabischer Staaten verglichen wurden, seien es Berichte zur Lage von Kindern oder des Regenwaldes: Der Blick ist neu geschaerft, und man nimmt Dinge wahr, die man frueher eher als randstaendig empfunden hat. + Ich warte heute auf die Rueckkehr Meiner S von der MV der Kantgesellschaft, die dank gluecklicher Umstaende der Vergangenheit immer noch in Bonn sich trifft, bevor ich dann beklommenen Herzens zu einem auszerst ueblen Nachtdienst in der Frankfurter S-Bahn aufbrechen werde. Um 4.13h soll ich bereits die erste Fruehbahn wieder zaehlen und muss zuvor noch selber arrangieren, wie ich die Nacht verbringen soll: Ich hoffe, dass ein netter Lokfuehrer sich meiner erbarmt und mich auf's Stellwerk mitnimmt, wo sich ein Ruheraum befindet, in dem sonst nie einer liegt. Wenn nicht...

Ja also bis auf neue Meldung deinerseits grueszt dein (inzwischen schon alter) Freund W

Oi meu D:

Como está o dia hoje? Aquí está bem quente e sem vento, o que aumenta a sensação de calor, apesar disso, a nossa casa ainda está muito fria, devido a muitos dias nublados. Cheguei na universidade agora, vou daquí a pouco para a aula com Ângela, a ultima aula foi bem melhor que as primeiras, estou entendendo um pouco mais do que ela fala. Por aquí não temos muitas novidades a não ser que o dolar caiu de novo, agora é 1.64, não sei se isto é muito bom ou ruim, más tudo está muito mais caro do que quando você estava aquí apesar disso só fazer um mês. A universidade ainda está aquele clima de férias, não se vê muito as pessoas, tem dois doidinhos aquí na sala de computadores, é o Artur e o Fábio (aquele que encontramos uma vez no cinema), mas a sala está com poucas pessoas. Acho que depois das aulas venho para os computadores novamente para te escrever, isso vai ser lá para as 6.00h (sechs uhr) e posso ficar aquí até as dez que é quando fecham as portas, venho dar uma olhada se você leu esta carta ou me escreveu mais alguma.

W você está comendo direito? Ou já perdeu peso? Cortou os cabelinhos? Não me falou sobre isto ainda. Ah!!! Deixei de ver mais televisão, estava me tomando muito tempo, mas continuo ouvindo muita música, é ela quem me faz companhia o dia inteiro.

Não dá para escrever mais agora pois a aula já vai começar e ainda tenho que mandar esta mensagem e isto aquí custa muito com você já sabe. As seis volto a te escrever novamente.

Beijos;

W

Oi W!

Recebi todas suas cartas, mas acho que você não recebe todos meus, porque escreveu que não teve noticias minhas essa semana. Mas já esrevi nessa semana, falei que achei a tesourinha e como guardei os gordinhos em R. Você não recebeu essa carta?

Não foi possivel responder suas cartas, porque estive viajando na quinta e sexta. Sua carta da quarta feira não pude ler, poque quando você escreve a noite aqui temos cinco horas mais e já está muito tarde. Então só posso ler essas cartas no proximo dia.

Não quero você estar preocupada, na proxima vez vou avisar antes quando não posso escrever os proximos dias.

Ainda não cortei os cabelos e acho que não perdi peso. Recebi a foto que você mandou e a carta que estava junto. A foto esta aqui na minha mesa de trabalhar e quando acordo já tenho o sol na janela, e seu sorriso que brilha mais ainda.

Agora aqui está frio para o meio de maio. Temos 10 graus, mas dissem que na proxima semana vão ser mais que 20.

Amanha vou para um dentista para ver se está tudo bem. Espero que está e ela só limpa os dentes e não decobre buraquinhos. Eu recebi meu novo cartão da seguranca dae saúde. Até 26 é de graca para estudantes, depois tenho que pagar uma taxa por mes, mas acho que minha fundacão me dá de volta. Vou pedir informacão como é com você quando você vem por aqui.

Minhas aulas de portugues foram canceladas essa semana porque o professor estava doente. Mas na terca fiquei lá porque teveuma palestra sobre a queda do Real e as concequencias para a economia Brasileira. Foi um professor com nome Santos da universidade de Brasilia quem falou. Não foi muito bom mas valeu a pena ficar lá, pelo menos para ouvir portugues.

Meu professor que me ajudou com C que estava lá mesmo como professor visitante tem muitas problemas. Alguns inimigos e certos grupos comunistas denunciaram ele fascista. É uma denuncia redicula, eu já conheco ele muito tempo e sei que ele tem nada ver com isso. Eles usaram o fato que uma palestra do meu professor foi publicado numa revista da direta. Ele nem soube disso, e eu li o texto, ele tem algums provocacões e quebra tabus, tambem contem alguns teses que eu não acho certo, mas chamar ele fascista por isso é ridiculo. Esses grupos querem ele demitido da universidade e não deixaram fazer o ultimo curso (esse sobre Paul Lafargue). Não deixaram entrar ele e os estudantes na sala de aula nem quiseram falar. Dissem: Com Fascistas nos não falamos. Estavam muito aggressivos e quando eu quis entrar na sala um batereu com o sapato na minha perna. Tambem roubaram a pasta com os livros do professor. Foi uma situacão absurda. Eles chamam alguem de fascista quem não é e vem com os metodos dos fascistas mesmos. Espero que isso acaba logo, porque gosto muito desse professor e ele já é como amigo para mim.

Muitos beijos da sua formiguinha

D

PS: Acho melhor sempre confirmar, quais cartas nos recebemos: chegaram suas cartas da quarta, quinta e sexta, que todos só li na sexta a noite.

Oi minha formiguinha.

Estes computadores aqui sao piores que o do mestrado, acabei de perder uma mensagem que ia mandar para voce o computador simplesmente desligou sozinho e nao adiantou pedir ajuda, ele nao quis nem saber disso, agora estou em outro computador que e pior que o de antes, mas da para escrever, sabe aqui tem 20 computadores, mas acho que nenhum presta. Sao muito lentos e falta as vezes ate letra. Mas tudo bem.

Perguntei ao computador se tinha noticias suas, ele disse que nao, onde esta voce? O que esta fazendo agora. Pela hora acho que ja esta dormindo. Ou talves passeando, aqui sáo 7.35h da noite ai ja passa das meia noite por isso acho que voce so vai ler minha carta amanha. So sexta feira e que venho a universidade e ate la espero noticias suas.

Hoje recebi finalmente a carteira de estudante internacional, ela e mais bonita que as nossas carteiras do ano passado. Nao tirei a carteira nacional para náo gastar tanto e tambem acho que nao vou precisar dela.

Tel, voce ja sabe onde vamos ficar em S? Queria saber alguma coisa sobre isto pois, tenho que comprar pelo menos um mes antes a passagem se nao nao vou encontrar bilhete para o inicio do mes de julho, aqui vai ser ferias e muita gente viaja, nao sei se e o caso das passagens para S, mas deve ser a mesma coisa, vou procurar me informar. Queria chegar la pelo menos uma semana depois de voce.

Tive aula quase agora com A, foi muito bom embora tenha certeza que sou uma das alunas mais atrasadas da tuma, tenho imensa dificuldade em ouvir, hoje ela colocou uma fita e depois mandou agente escrever o que tinamos ouvido, foi uma vergonha para mim, nao entendi quase nada, estou

me esforcando mas parece que sou meio burrinha, em casa parece que sei mais, mas quando chega na aula parece que esqueci de tudo, isso e terrivel. espero que
daqui para julho eu ja possa saber mais um pouquinho. Voce me ajuda em S? Acho que se voce estivesse aqui eu entenderia muito mais as palavras, as vezes fico me lembrando das palavras que voce disse quando estava aqui, ai eu me lembro da pronuncia, mas ainda sim e muito dificil. Sera que vou conseguir um dia falar bem Alemao? Isso tem que acontecer se nao vou se muda e surda em seu pais.

Ah!!!! Esqueci de te contar, aquela menina que pediu a tua ajuda para viajar embarcou a semana passada, parece que o namorado dela resolveu o problema dai mesmo, ela viajou domingo passado, mas agora parece que vao ter que se casar rapidamente pois o visto dela parece que agora e de apenas dois messes.

Ja te disse que te amo hoje? Poie e te amo muito e espero estar logo te abracando e beijando muito, tenho muitas saudades e acho que vai lever anos para essa sensacao acabar. Espero que realmente esteja tido bem com voce, eu continuo bem. Ja nao posso ser chamada mais de gordinha, agora so doidinha!!

Volto a te escrever somente na proxima sexta feira, espero que na proxima sexta tenha noticias suas. Um beijo da sua.
W
ps. Espero que as duas cartas desta semana tenha chegado ate voce, eu nao tenho certeza pois estes computadores sao muito loucos, manda confirmacao.

Oi W!

Recebi seu e-mail em que você fala sobre seus problemas com os computadores. Eu escrevo como pode melhorar a situacão. Pode parecer complicado, mas não é. Tenta primeiro com um texto curto.

A melhor solucão para textos perdios é escrever com o programa „Microsoft Word" e salvar todos dois frases. Quando o texto está pronto você vai com o mouse para o comeco do texto. Aperta o botão esquerdo do mouse. Deixa apertado enquanto você guia o mouse para o fim do texto. Aqui você solta o botão. O texto agora tem outro cor. Você vai com o mouse para qualquer ponto do texto e aperta agora o botão direto. Uma pequena janela aparece e você vai vom o mouse para „copiar" e aperta o botão esquerdo. Agora você vai para o programa de e-mail e faz tudo como sempre mas em vez de escrever você vai com o mouse para o espaco de escrever. Você aperta o botão esquerdo. Agora você aperta o botão direto. A janela aparece de novo, agora você vai para „inserir" ou a coisa parecida que aparece. Agora você tem seu texto no espaco do e-mail e quando já botou o endereco pode mandar.

Com os e-mails que voltaram por causa do endereco errado: Eles voltam com o Mailer-Deamon e podem ser vistos como minhas cartas. O seu texto é incluido. Você pode copiar seu texto como o texto do programa „Word" e incluir em um novo e-mail com endereco certo. Aqui está tudo bem. Estou lavando roupas e limpando meu quarto.

Como se vestem as mulheres aqui. Acho que não é muito diferente do Brasil. Pelo menos no verão. Talvez usam cores mais discretos. Jeans e camiseta para o dia e para sair se vestem diferentes: muitos como doidinhas, algumas mais conservadores. Você vai ver. Vou ler mais um pouquinho para o curso de amanhã. D

Oi minha formiginha.

Passei o final de semana inteiro preocupada pensando que tinha acontecido algo com você, ainda bem que você esta bem, não quero que nada de ruin aconte a minha formiguinha. Recebi duas cartas suas, só estou lendo hoje, segunda feira pois os computadores daqui do LAEG estão fechado no final de semana. Me cadastrei no LAEG e deu certo. Por isso estou te escrevendo com mais frequencia. Recebi sua carta de domingo e fiquei assustada com o caso do seu professor. Como pode tanta violencia, isto deveria ser um pais de livre expressão, mas parece que tem muito mais radicais que aqui!! Toma cuidado com essas pessoas para não te machucarem, não quero ver o meu W machucado está bem?

Aqui está tudo bem como sempre, fui ontem para a casa da minha avo, passei toda a tarde lá conversando, agora estou fazendo assim nos domingos, não gosto de ficar sozinha, é um pouco triste. Acho que no próximo sabado vou na casa da minha mae mas volto no domingo.

A universidade parece que realmente voltou a funcionar hoje, parece até que todos estão nervosos, tem muita gente e todos andando muito rapido.

Você já falou a seus pais sobre nós? O que disseram? Acho que estão te achando meio louco de levear uma brasileirinha tão feia e doidinha!! Aqui estão dizendo que eu tenho muita coragem em largar tudo e ir embora para uma terra tão distante e racista; tenho mais medo de não conseguir me adaptar, me falaram que nos primeiros tres anos é terrivel, espero que você goste de mim o suficiente para aguentar as minhas crises de medo pois a cada dia é isso que sinto mais forte, parece que o desconhecido ao mesmo tempo que

104

fascina causa muito medo, mas sei que vamos conseguir. Você já pensou nessas diferencas? Não são poucas e você ainda tem tempo de desistir. Estou com saudades e continuo contando os dias para te ver.

Espero que esteja bem, estava preocupada pois não tinha recebido noticias suas, parece que o computador daqui do LAEG perde cartas, tem outro problema sério tambem, quando se está escrevendo nele de repente ele se apaga e não volta mais, hoje mesmo já perdi duas cartas que escreví, o rapaz que cuida da sala disse que eles estão assim, é preciso ter sorte para não acontecer isso quando se está usando. Agora tenho acesso aos computadores mas eles continuam problemáticos para mim. Como se faz quando você manda um e-mail com endereço errado e ele volta? Isso aconteceu comigo duas vezes e eu perdi todo a carta que tinha escrito para você.

Ontem passei o dia na casa da minha avó, estou fazendo isto todas os finais de semana pois ainda não me acostumei a ficar só nos finais de semana, tenho saudades d a minha formiguinha. acho que próxima semana vou para casa da minha mãe, mas volto na segunda feira

Te mandei na semana passada 5cartas: 2 na segunda,1 na quarta e 2 na sexta acho que se pederam 3 delas, não sei o que hove mas acho que é problema do provedor.

Acho que não vou conseguir fazer a carteira de motorista, els pedem mais ou menos 500 reais para isso e não tenho dinheiro suficiente, mesmo vendendo as coisa acho que não dá para fazer, procurei emprego mas me prometeram para julho e não vou estar mais aqui portanto não serve.

Quanto a te escrever vou fazer isto sempre as segundas, quartas e sextas acho que fica melhor

para você ter noticias minhas. fiquei o final de semana inteiro preocupada, pois não tive realmente
noticias suas, mas agora está tudo bem, seus cabelinhos estão bem grandes heim!!!! Não corta
muito curtos!!! Os meus estão maiores e acho que
vou deixar crescer. Queria te perguntar uma coisa:
como as mulheres da minha idade se vestem no
verão e no inverno? Que cores mais usam? Não
tenho muita idéia quanto a isso. Acho que tenho
que comprar algum agazalho bem quente pois
quando chegarmos aí em outubro vai estar bem
frio, falando nisso , você não pode sequecer de trazer para você agazalho para o frio em S aquí não é
tão frio quanto aí mas pera nós é bem gelado.

Quarta feira volto a te escrever, um beijo da tua
W

Oi W!

Recebi sua mensagem, espero que você realmente está bom e acontece nada mais. Aqui na Alemanha todo mundo tem que ter uma seguranca de sáude e o atendimento com essa seguranca e gratituido. Tem que pagar para a seguranca, quanto depende do salário. Eu como estudante ainda não preciso pagar, só depois de ter 26 anos, significa no fim do ano.

Vão ser mais ou menos 90 Marcos por mes, mas acho que minha fundcão vai pagar. O atendimento sempre é bom, você marca uma hora e é atendido rapido, tambem quando você tem uma coisa grave e não tem hora marcada. No dentista algumas coisas tem que pagar. Isso acontece quando eles tem que trocar dentes pelo um dente de plastico, mas eu ainda não precisei.

Fui parao dentista tambem. Os dentes eram boins, mas disse que tenho que fazer uma terapia para não pegar paradontose. Vou comecar na proxima semana.

Pode ser que vou viajar no fim de semana para vi-sitar C em H. Nesse caso só posso escrever de novo na terca.

As coisas do meu professor melhoraram por agora. Os „antifascistas" não apareceram mais, e ele fez um julgamento contra os colegas dele e ganhou: Eles são proibidos dizer que ele é fascista. Quando fazem de novo tem que pagar 20 mil Marcos. Acho que vão pensar agora antes de falar.

A mae do G está aqui, ela tem o quarto dele e mora no meu quarto para alguns dias. Mostrou já a ci-dade: o Reichstag que foi reconstruido e onde vai encontrar o parlamento, a universidade que é bem bonita em casas dos antigos reis alemaes e fizeram um tur com um barco.

Alem disso não tem novidades. Vou perder o visto para S amanha e talvez viajar depois para Halle.
Na segunda temos feriado, quando viajo vou ficar até terca. Tem esse feriado no Brasil tambem? Aqui se chama Pfingsten e eu não sei qual é o origem.
Fica bem saudavel
Muitos beijinhos
D

Oi meu D!!

Estive doente, isto aconteceu desde a segunda feira, estava sentindo fortes dores no final da barriga, não estava podendo nem andar, pensei no início que era ar no estômago, mas ontem a dor piorou muito e tive que ir ao médico, ele me examinou, passou uma injeção muito forte e me encaminhou para fazer ultra-sonografia (um exame que tudo que você tem por dentro numa tela de televisão), ele descobriu que tenho umas 2 pedrinhas no ovário direito (microcistos) mas acha que posso resolver isto com uma série de medicamentos, hoje as 3h da tarde vou fazer novos exames, espero que não tenha mais nenhuma complicação. Os exames foram todos particulares como tudo no Brasil, minha tia fêz questão de pagar, fiquei com vergonha más aceitei, pois não custou muito barato, e hoje ainda tem mais, mas esses vou vê o que faço, não se preocupe pois vai dar tudo certo, vou estar em julho com você e acho que foi até melhor ter acontecido agora, pois aquí tenho mais possibilidades de ter atendimento médico, acho que se fosse em S não ia ser muito bom pois além de particular ser muito mais caro, emergência no setor publico eu morreria de dores e não iria ser atendida. Hoje estou bem, não tive dores e espero não te-las nunca mais, pois não é muito bom de sentir.

Ontem também teve paralisação de toda a universidade quase nada funcionou, hoje está tudo bem por aquí, os professores e funcionários estão reinvindicando aumento de salário, estão falando até em greve, se isto acontecer vai ser muito ruim para todos, pois o governo não vai liberar o repasse de dinheiro que eles querem e no final de tudo quem vai sofrer são os estudantes, inclusive nós dois, pois não vou poder te escrever. Tudo vai estar fechado. se isto acontecer te escrevo antes.

Aquí na universidade tem um setor de odontologia que cuida dos dentes dos estudantes, fui lá hoje bem cedinho para ver se tinha buraquinhos nos dentes, não tinha nenhum, precisam apenas de limpeza, mas aquele meu dente que quebrou eles disseram que não consertam lá, tenho que procurar dentista particular ou então arrancar ele, ainda não sei o que vou fazer, o dente não incomoda mais porque a raiz dele está morta, portanto nunca vai doer, se for consertar vou gastar 300 reais e se arrancar vai ficar um espaço enorme vazio, acho que vou deixar ele bem quietinho depois as coisas se ajeitam e eu faço o reparo que ele precisa. Sabe o que aconteceu tambem? O cano por onde passa a agua que vai para a nossa casa está quebrado e disperdiçou muita agua, acho que foram os meninos da nossa vizinha mau educada, só ví isto quando umas pessoas que passavam pela rua ontem a noite começaram a me chamar, acho que vou pagar uma conta muito alta este mês, deliguei o registro mas já tinha escapado muita agua, depois de te escrever vou para o escritório de agua (cagepa) para mandar vir o conserto.

Fora estas novidades não tenho mais nenhuma. Como estão as coisas aí? É bom morar onde você estar? Sabia que está faltando 40 dias para você vir para o Brasil? É está ficando cada vez mais perto e todos os dias conto como um a menos de distância, isso é muito bom!!! Estou com saudades da minha formiguinha!!! Espero que realmente você esteja bem e que não esteja fumando ou bebendo muito heim!!! Não quero te vê doente depois. Quanto a mim eu vou ficar bem, não precisa se preocupar, se por acoso acontecer-se algo eu pediria para alguém te escrever, mais isto não vai acontecer acredite!! Sábado, eu vou para casa da

minha mãe mas volto no domingo. Amanhã eu te
escrevo mais e te falo sobre meu exame de hoje.
 um beijo de sua :
W
Ps: Recebí suas mensagens, e achei muito complicado salvar os textos, vou ler
novamente para vê se entendo como é mas prefiro
não errar nada, quanto aos
computdores algumas vezes é problema dele, o rapaz que cuida deles diz que
ele trava e tem que chamar o técnico para o
conserto e outras vezes o provedor
perde mensagens recebidads por sobrecarga no
sistema. Espero que não aconteça
mais conosco. um beijo

W!

Recebi sua carta. É que meu amigo está no meu quarto. A mae dele fica no quarto dele até amanha. Ela vai viajar de volta no quarta-feira e aqui vai ser mais calmo de novo. Ela é um pouco complicado para G. Ela não saie sem ele porque tem medo de se perder. Por isso G sempre tem que organisar alguma coisa para fazer com ela e fica um pouco stressado.

Eu não viajei para Halle, preferi fazer um fim de semana mais calmo. Fui para o aniversario de um amigo no sabado e ontem fui para o Karneval der Kulturen. Tem algums anos aqui em Berlim. Eles fazem um desfile com caminhãozinhos, não tão grandes como em Salvador, mas teve bandas brasileiras tambem. Mas foi muito diferente do Salvador porque as pessoas quiseram mais olhar, só atrais de algums caminhões com Techno dancaram os adultos.

Hoje fiz um dia calmo. Li uma biografia de Che Guevara, fiz spazierengehen no cemeterio, uma coisa que não existe no Brasil. É só andar num cemeterio ou parque grande, pensar um pouquinho e escutar os passarinhos. Eu sei, você não gosta de cemeterios e nos parques do Brasil é perigoso demais para curtir essa coisa. Mas eu gosto e aqui não tem perigo de ser assaltado.

Espero que seus medicamentos fazem um bom trabalho e você esta bem.

Muitos beijinhos

D

Oi meu D!!!

Como você está ? Pensei que tinha viajado e por isso resolvi te escrever somente a tarde antes da aula. Eu estou bem, não tive mais aquelas dores horríveis, ontem parecia que ia ter de novo mas ela foi logo embora.

Ontem estive na casa da minha mãe não foi muito bom, pois tive problemas com a minha irmã, ela tem ciumes por eu ter ficado com a casa que moramos, e disse porque nós não construimos uma para nós. Eles não sabém que você viajou nem que vou embora com você, nem ela nem meu pai, prefiro conter faltando uma semana para ir embora, vai ser melhor, ví também na mesma hora meu pai e a sensação também não foi muito agradável, ele está jogando os filhos contra a minha mãe e isto não é bom. Tenho a impressão que estamos no meio de uma guerra em que cada um procura jogar com as armas que tem, espero que se tivermos filhos um dia eles não passem por isso pois é muito ruim. Querem ficar com a nossa casa e eu não sei o que eu faço, para quem eu passo ela, por direito com a separação a casa é minha, mas seja para onde for alguém vai ficar muito magoado, sim, pois se de um lado a minha mãe quer ficar com a casa para cuidar e ficar com o aluguel vejo que ela já tem sua propria casa e condições para se manter, enquanto que meu pai paga aluguel e não ficou com nada, mas por outro sei que ele vai passar esta casa para alguma namorada com certeza, já fez isto antes, irá fazer de novo, estão comentando que ele comprou passagens aéreas para Brasilia para outubro, minha mãe ficou magoada pois nunca viajou com ela, ao contrário fazia questão de não deixar ela viajar, agora anda com uma ¨namorada¨ que não assume se quer que ele é algo seu. acho que tem vergonha dele. Já disse a minha mãe ontem que se não tem jeito eles vendam a casa e fiquem com o dinheiro, eu prefiro não entrar nessa briga, mesmo estando precisando de dinheiro, sim porque no fundo o problema é dinheiro.

Acho que aquí não posso dizer isto a ninguem, ainda não sei o que fazer, mas vou achar uma solução até o final de junho.

Procurei saber sobre a passagem para S e descobrí que tem um ônibus que tem previsão de saída para a quinta feira e chegada em 46h em S, acho que este é um bom dia pois chega no sábado e você pode me pegar na rodoviária sem problema de perder dia de emprego, posso tambem comprar a passagem em aberto, estou com vontade de fazer isto o que você acha? Penso em viajar no dia 08 de julho, acho que cai numa quinta feira.

Pensei que você tinha viajado, ainda não entando o que se sente ao se passear no cemitério não gosto muito da idéia, talvés porque cemitério para nós seja sinônimo de tristeza, eu não me sinto muito bem em um desses. Mas se voce gosta tudo bem.

Tenho aula com A daquí a pouco, quarta feira te escrevo mais.

Téo: você ainda está falendo bem o portugues? não pode esquecer, tem que procurar alguem para ver isto!! Se esquecer vai ficar novamente dificil para conversarmos, vamos começar tudo de novo como antes lembra? E por falar nisso : me lembrei que te ví ano passado no parque do povo, eu estava com socorro quando você passou e eu disse!! Socorro você já viu homem mais alto que esse? Ela falou que deveria ser extrangeiro, pois era branco demais e estava todo de preto, engraçado: vim me lembrar disso agora!!!

Um beijo, outro beijo e cuidado para não me botar pontinhas muito grandes na testa com essas

114

alemasinhas branquinhas demais Heim!!!!, com as
extrangeiras que moram aí também não póde de-
scuidar.
um milhao de beijos:
W

W!

Recebi sua carta, deve ser dificil na sua casa, mas as coisas vão se resolver.

Ainda não peguei o visto, mas vou amanha e depois vou pedir informacões sobre a passagem para S. Aqui tem muitas diferencas entre as ofertas.

A mae do G vai vijar amanha e eu vou ter meu quarto para mim de novo. Ele reclamava que eu roncava, mas acho que não é verdade.

Meu curso de potugues anda bem e eu não vou esquecer muito. Você tambem vai falar um pouquinho de alemão e a conversacão vai andar sem problemas. No curso ele comecou fazer gramatica, nunca pensei quantas formas de verbos vocês tem, acho que nunca vou ser capaz de usar certamente. Mas dá para me comunicar e isso é o mais importante. Aprendi muito com W.

Já escrevi do Karneval der Kulturen? Acho que sim. Tou lendo um livro sobre Che Guevara agora, meu pai me deu. Disse que a foto de Che que está no livro parecia tanto comigo, que ele teve que comprar. (Guevara é muito barbudo e cabeludo) Acho que vou cortar os cabelinhos bem curtinho amanha, quando chego em S já estarem mais longos. A barba vou cortar antes de ir tambem.

No dentista dissem que tenho que limpar os dentes com Zahnseide (ver no dicionario) todo dia, mas é muito complicado e acho que sou pregicoso demais para isso. Quiseram tirar chapas de raios X tambem, acho que só tentam fazer dinheiro comigo. Vou trocar de dentista.

Ich hoffe Dir geht es gut. Laß Dich nicht verdrießen.

Muitos beijinhos

D

Oi meu D!!!

Como está hoje aí? Aquí está chovendo muito e com céu muito escuro, nossa casinha está muito fria, fria mesmo!!! Tanto que o chão está todo umido. O serviço de metereologia da televisão disse que vai continuar assim até sexta feira, em João Pessoa está chovendo ainda mais. Mesmo assim as chuva que caem não é na região do açude que vem agua para C e a situação continua a mesma, mas em cidades como Patos a falta de agua terminou, choveu tanto lá que acabaram com o racionamento de agua, ainda bem para eles!!! Todos aquí amanheceram de agazalhos, fica até engraçado de se ver!!!

Bem que eu te disse que você roncava e não acreditou não foi? Pois ronca sim pode acreditar mas mesmo assim estou com saudades dos seus ronquinhos, hoje em dia não ouço mais nenhum barulhinho a noite e acho que é por isso que não consigo dormir direito, é!!! Acho que é a ausência da minha formiguinha fazendo barilhos enquanto dorme.

Ah!!! O dolar está doido novamente, até o final da noite de ontem estava cotado em 1.72 reais e acho que vai subir mais um pouquinho mesmo o governo intervendo, tudo por culpa de denuncias de corrupção envolvendo o próprio presidente que teria dado prevelégios para a venda de estatais, além também do problema das bolsas nos EUA, e problema da alta do dolar na Argentina, acho que vem crise nova por aí. Quanto ao resto continua tudo na mesma, com uma novidade; os governos de S de Brasilia copiaram o modelo de frente de serviço da seca do nordeste e abriram frentes de serviços para os desempregados. No mais está tudo bem. sexta feira te escrevo mais.

um beijo; estão pendindo para sair da sala agora. W

De novo D!!!!

Não tive aula agora as quatro e resolvi te escrever de novo, estava escrevendo antes e de repente chegou um professor e disse que todos tinham que desocupar os computadores, não entendi nada, tivemos que sair da sala dos computadores, perguntei a pessoa encarregada da sala e ela avisou que apartir de agora esses horários não estaram mais disponíveis, tudo bem, não podemos fazer nada.

Eu não acredito que desde que você saiu daquí não fez mais a barba!!! Nem cortou os cabelinhos !!!! É por isso que está sendo comparado ao Che, não pode ficar muito barbudo Téo, se bem que pode pelo menos as meninas não vão te paquerar, se bem que tem algumas que gostam, além disso quando chegar aquí com certeza os cabelinhos vão estar ainda curtinhos!!! Não corta muito curto não, não vai dar tempo de crescer!!! Mas quqanto ao resto está tudo bem não é? Cuidado para não perder peso pois vai me dar muito trabalho recuperar todos e ainda ganhar alguns.

Téo quando vier para S, traz um recibo de conta do apartamento, pode ser que me barrem no aeroporto como fizeram com a irmã da minha colega, e vai ser muito ruim, acho que é melhor prevenir, pois não sei o que pode acontecer. Já te falaram alguma coisa sobre apartamento ou quarto que podemos ficar em S? Está saindo na Televisão que os preços dos alugueis estão caindo em S, mas que também é dificil alugar apartamento pois eles fazem uma série de exigências com por exemplo fiador (uma pessoa que tem renda pelo menos o dobro do valor do apartamento que possa responder por ele caso você não page as dívidas) se isso acontecer conosco não sei como vamos fazer. Seria bom se já tivessemos algo em vista , pois pouparia tempo e dinheiro. Eu vou procurar levar o que puder de coisas para cozinha para não precisar de comprar nada. Acho que sexta feira vou comprar a minha passagem, tenho que me informar também quanto tempo leva para se tirar todos os documentos necessarios, pois se não vou ficar muito tempo sozinha aí em S.

É engraçado como os dias agora parecem sem menos para você vir para aquí de novo, quando terminar este mês, ou seja, na próxima semana vai começar a contagem regressiva para dar muitos beijinhos na minha formiguinha, estou contando os dias. Será que vovê ainda sente minha falta? As vezes acho que quem sente isso só sou eu, acho que isso é mais coisa de brasileiro e não de europeu. Hoje é um dia em que sinto mais falta, a casa está fria, a caminha gelada e meus pezinhos mesmo colocando meias como agora ainda estão frios.

Eu estou bem, não tive mais dores más, tenho muito sono acho que são os remédios, mesmo assim procuro não durmir de dia mesmo assim a noite só consigo dormir depois de uma hora da manhã e isso é muito ruim pois passo o dia inteiro cansada: Acho que é pura ansiedade, fico o tempo inteiro pensando em muitas coisas e isto não é bom, além disso fico com medo das coisas não sair como nós planejamos, sempre penso e se não der certo!!!! Mas espero que isto não aconteça.

Aquí continua chovendo, sei que a chuva é necessária mas não gosto muito pois o dia fica muito escuro e triste, prefiro o sol.

Estava conversando com imas colegas e elas disseram que eu estava diferente, não parecia mais a V de antes, estou mais séria, parecendo uma senhora. Isso porque vai ter uma calourada aquí e eu disse que não queria vir. Acho que não venho porque me acostumei a sair com você e sair sozinha acho ruim, É FIQUEI MAU ACOSTUMADA e agora vai ser difícil voltar a situação de antes, prefiro ficar em casa.

Estou com muitas saudades, parece que os dias não passam muito rápido como antes, pois marco todos os dias no calendário e parece que nunca chega em julho!!!! Quero muitos beijinhos seus e tudo mais para compensar esta espera!!!! Tem que guardar todos os beijinhos de bom dia para me dar Heim!!!

estou guardando cada um deles, te amo
W

Oi W!

Recebi suas cartas, parece que agora funciona melhor e toda correspondencia chega no lugar certo.

A Camara de comercio ainda não escreveu porque o quarto em S. Pode ser que eles mandaram ainda para o mestrado em C. Você podia buscar as cartas lá e se tem me escrever de quem teve carta? Pode abrir quando não tem remente no envelope. Quando só tem as revistas que eu recibo, esses não precisa prestar atenção.

Cortei a barba e os cabelinhos bem curtinhos. Já vão estar como você gosta quando nós encontramos em julho. Você já comprou o bilhete? Eu vou comprar o voo na segunda.

Ontem fui para a embaixada do Brasil e pedi o visto. Eles dissem que posso pegar na proxima sexta.

Além disso não tem muitas novidades por aqui. Esta quente agora, no dia temos quasi 30 graus, temperaturas do Brasil.

Tou sentindo sua falta tambem e guardo todos os beijinhos de bom dia.

Eu não entendi o que você escreveu, seu colega está no quarto com você?

Ou é a mãe dele que está no seu quarto?

Dê um acraço no C por mim, e quanto ao que você me perguntou, nós não temos este feriado por aquí, também se tivessemos mais este o país parava, pois praticamente todos os meses temos um ou dois feriados e isso é demais. Espero que nesse feriado você aproveite bastante, mas cuidado com a

bebida e com os cigarros que encontrar pela frente, as vezes eles podem nos deixar mau.

Eu ontem fiz alguns exames e descobriram que a dor que estou setindo não é exatamente de onde te falei e sim, da vesicula (ver dicionario) é ela tem me dado muito trabalho e dor, mas estou sendo medicada, e tenho tambem que ter repouso, (quanto a isto eu não gostei muito), se não houver melhora aí sim tenho que fazer cirurgia, mas acho que isto não vá acontecer, pelo menos é o que espero.

Quanto ao resto está tudo bem, sem novidades, acho que vou também para a casa da minha mãe este final de semana, mas acho que volto no domingo mesmo, um beijo e bom feriado.

Mando beijos

D

Oi meu Téo:

Também tenho poucas novidades, hoje finalmente apareceu o sol, parece que vamos ter um dia quente por aquí, mas ontem fez muito frio principalmente a noite, falaram que de madrugada deu 10 graus, acho que já estava assim a partir do início da noite pois em nossa casa a sensação era esta o dia enteiro. Comprei o bilhete de passagem ontem, vou viajar no dia 08 de julho as 2:00h e o vendedor me disse que chegamos em S entre 8:00e 9:00 horas da manhã do sábado, você pode ir me buscar na rodoviária de lá? Acho que vai ter que se acordar muito cedo para isto, mas tem que pensar de modo positivo: vai buscar a sua doidinha!!!! Até lá agente combina tudo.

Peguei algumas cartas suas, mas não sei o que tem nos envelopes, pois não abrí, vou depois vê se chegou mais alguma coisa, se tiver algum como você falou eu abro e te mando a resposta, mas se for em alemão prefiro mandar pelo correio, só consigo ler algumas palavras, pois a maioria ainda são um mistério para meu cerebro.

Ah!!! Trouxe hoje comigo para universidade ao CA (naquela sala em que nos conhecemos) textos para doar, não posso leva-los mas pelo menos vai ser útil para alguém, além disso mesmo no ônibos eles restringiram o peso para 30 quilos e não quero parar excesso.

Quanto ao resto está tudo bem, não tive mais dores ou qualquer outra coisa. Vou domingo passar a tarde na casa da minha avó e segunga feira te escrevo novamente. Ah!!! Segunda feira fica faltando pouco tempo para você está aquí, é estou contando os dias, acho que é por isso que ele demora tanto a passar para mim e não pára os outros. muitos beijos, pois tenho mais ainda acumulados de sua: W

W!

Tive um fim de semana calmo e acho que vou passar o domingo bem calminho também. Tive um curso na sexta a tarde e no sabado cedo, por isso não saí a noite. Acho que vou passar o proximo tempo até a viajem também mais calmo. Tenho que fazer muitas coisas para a universidade: Fazer uma palestra sobre um projeto para pequenos empresários em Recife, escrever um trabalho sobre técnica e educacão nas obras de Arnold Gehlen e Helmut Schelsky e sobre um texto de Michel Foucault. E para isso só tenho mais um mes, o tempo foi embora rapido porque tive muitas coisas que fazer, a mudanca, as coisas com a burocracia, comecar a universidade de novo, me acustumar aqui e encontrar todos conhecidos de novo...

Na segunda vou comprar o bilhete para S. Vou te esperar lá na rodoviaria no dia 10 as 8 horas. O onibus vem direto de C? Acho que vou para Sampa no dia 27 ou 28 de junho. Vou organisar um quarto até você chegar. Vou tentar alugar meu quarto aqui para os tres meses. Em setembro G provavalmente vai para um semstre para Sankt Petersburg. Ele aprendeu russo e já estudou um ano em Irkutsk. Vamos ver como ficamos.

Meu irmão ficou desempregado, mas é melhor do que o emprego ele teve antes. teve que trabalhar muito para um salario ridiculo e o chefe dele o deprimiu muito. Meu irmão é autoconfiante demenos e deixou fazer coisas demais com ele. Seria bom para ele ir para uma outra cidade. Em R não tem muitas chances, o desemprego fica alto e os salarios baixos. É um resultado do colapso da alemanha oriental, a industria não foi moderna e quebrou quasi toda. Eles produziram oculos para a russia e os outros países comunistas e depois do colapso não teve mais um mercado para esssas mercadori-

124

as. Por isso meu irmão deve ir embora, mas ele tem medo disso. Ele não aprendeu fazer as coisas dele mesmo, está dependente dos meus pais e isso é ruim. Agora faz um curso para ter uma formacão melhor e recebe ajuda para desempregados que dá para sobreviver, mas não para viver muito bom. As coisas aqui estão dificeis, não tão dificeis como no Brasil, mas dificeis.

Eu ainda tenho sorte, porque tenho minha bolsa e meus pais ajudam tambem como podem. Minha fundacão tambem vai pagar o voo para S.

Espero que com você está tudo bem. Hoje tem 30 graus aqui mas dissem que a tarde vai ter trovoadas, por isso vou andar agora um pouquinho no parque ou no cemeterio (lá fica mais calmo e não tem cachorros) e comer alguma coisa.

Muitos beijinhos

D

Oi minha formiguinha!!!!

Espero que as coisas melhorem por aí, também para seu irmão, aquí as coisas não andam muito boas quanto a questão de emprego, o nível de dsemprego subiu para 21% da população ativa, isto para um pais como o Brasil grande demais e com muitos recursos minerais e vegetais é assustador, a moda do momento é calar o desespero da população com frentes de emergência onde o salário é aquele que você sabe: 136 reais, e o mais trisre desta história é que nesta fila estão pessoas bem formadas em termos de preparação profissional, pessoas com nivel universitário e até com especializações, isto além de vergonhoso é tragico, pois não há emprego para ninguém, estão fazendo acordos com os patrões para ganharem menos as vezes até metade de antes só para não ter de ficar desmpregado, acho que a ruina já chegou por aquí e só o governo é que diz que isto não acontece no Brasil. Teve uma critica na televisão na semana passada onde o presidente ia almoçar co a esposa em um restarante e a conta dava justamente o valor do salario minimo 136 reais, e o presidente olhava para a esposa e dizia: Está vendo Ruth, e ainda dizem que um salário minimo não dá para comer bem, o brasileiro reclama demais de barriga cheia. Isto é um absurdo, mais não deixa de ser real, pois na realidade é quanto eles gastam para um simples almoço, mas continuam dizendo que esta quantia é suficiente para sustentar uma família. É melhor deixar isto de lado, pois cada vez que lembro disto fico com muita raiva.

É bom saber que você está bem pertinho de chegar, procura um lugar para a gente que seja de acordo com as nossas posses, não precisa ter nenhum luxo, um quarto para dormir e que não seja num lugar muito perigoso é suficiente, ouví falar

que nos bairros mais distantes do centro os alugueis são mais baratos, tem que ver se tem boa cir-
culação de ônibus ou metrô, se tiver e compensar é
uma boa idéia, pois não podemos gastar muito. O
apartamento do seu amigo vai ficar vazio por todo
tempo a partir de setembro? Tem também que ter
cuidado com quem vai alugar o quarto pois pode
ter surpresas na volta para Berlin.

Eu estou bem, apenas a saudade continua aumentando, e isto me deixa as vezes triste, ontem eu
passei o dia na casa da minha avó, foi bom, mas
sempre que volto para casa fico triste, acho que não
me acostumo a morar mais sozinha, ah!!! Desmon-
tei nossa caminha e oferecí a algumas pessoas para
comprar tem uma pessos que vai me dar a resposta
na próxima sexta feira a tarde, espero vender tudo
para sobrar algum dinheiro, más não tanto quanto
valem as coisas pois, só querem comprar muito
barato, as vezes escuto preços tão absurdos de baratos que tenho vontade de dár uma resposta com
um palavrão tão absurdo quanto a proposta.

Tem que estudar um pouqunho mais para
entregar tudo depressa e voltar mais rápido ainda
para ter muitos beijunhos, é !!!! Tem muitos desse
te esperando!!!!
muitos beijos:
W

Oi W!

Recebi sua carta, aqui está tudo bem.

Fiz uma reservacão para o voo ontem. Vou viajar no dia 28 e chegar em S no dia 29 cedo de manha. Acho que vou para uma Albergue para dormir um pouquinho e no dia 30 vou para a câmara de comercio para ver como as coisas estão. Você não escreveu sobre as cartas, acho que não vale a pena mandar elas com correio, porque vão precisar duas semanas para chegar aqui. Por favor só me escreve os rementes, você vai descobrir quem é, mesmo quando estão escrito em alemão. As revistas não interessem. Tive meu curso de portugues hoje, está andando bem. Limos um texto de Luis Fernando Verissimo hoje, talvez você o conhece. Foi um dialogo sobre o lixo. Duas pessoas que moram num predio grande e nunca tinham se visto encontram na lixeira e descobrem que já sabem muito um do outro porque sempre observaram o lixo do outro. É um texto engracado e bem simples, entendi tudo na primeira leitura. Amanha a noite vou cuidar dos gordinhos do meu professor (ele é mais um amigo paternal): Jannik e M. Espero que anda tão bom como a ultima vez, quando eles foram para cama sem reclamar na hora de ir dormir mesmo. Levar criancas para cama sempre é um ponto critico, tem muitas vezes chorro e até gritos. A saida dos pais tambem pode ser dificil, mas com esses dois no ultimo tempo não foi mais. Eles já tem 7 e 4 anos. Acho que as criancas tem mais liberdade aqui que no Brasil, especialmente em familias de intellectuais. Amanha vou ajudar na mudanca de um amigo, parece que todo mundo muda de apartamento agora em Berlin.

Além disso não tem novidades. Tenho também muitos beijinhos guardados e mando alguns.

Oi meu Téo!!!!

Esqueci de te avisar, não tem nenhuma carta nova para você apenas chegou aqueles livrinhos que você sempre recebia, mas chegaram naquela época que te avisei, fui lá na coordenação na segunda feira mas me avisaram que não tinha mais novos. Se você nao quer que eu leve os livrinhos eu posso colocar fora? Mas antes vou tentar ler alguma coisa, mas acho que não vou entender quase nada.

As novidades não são nada boa para os brasileiros o governo anunciou aumento de quase tudo, em torno de 10% até 12.5%, isto inclusive para energia elétrica, telefone, tarifas de governoe o que é pior o preço das passagens de avião também para 12.35% a mais, estou mais preocupada que antes e não sei como vamos nos arrumar, pois dinheiro que é bom, está cada vez mais dificil por aquí, não sei se vamos conseguir comprar o meu bilhete, torço agora por um bom milagre.

As cartas pelo computador estão chegando normalmente e em dobro, é você está escrevendo duas iguais e todas chegam, ia também te mandar um cartão de dias dos namorados que aquí se comemora no próximo dia 12 mas não vai chegar mais a tempo, acho que é melhor te entregar pessoalmente acompanhado de muitos beijinhos . Ah!!! sexta feira tem abertura do São João o parque do povo já está pronto e muito mais bonito que no ano passado, mas acho que não vou, não tenho muita vontade. Tem feriado também amanhã é de origem religiosa, chama-se corpus cristi por isso nada funciona, sexta feira pelo menos este laboratório vai funcionar,venho ver se tem carta sua.

Ah Téo!!! temos que combinar também a questão do feriado do dia 23 e 24 e parece que 25 de junho a universidade vai fechar e vou ficar sem notícias suas vou ver sobre isto e depois combinamos, mas queria que você me telefonasse assim que chegasse em S, para eu não ficar preocupada e sem notícia, pois vamos ficar alguns dias sem computador e tem que ser com telefone, além disso estou precisando ouvir sua voz um pouquinho, pouquinho não muito!!!!! Os numeros de código de acesso para a cidade estão modificando em todo Brasil pos causa da privatização parece que vai ficar: 3210875, mas ainda não tenho certeza vou me informar e depios te digo o certo.

ps:este é o telefone da minha avó acho que você tem ele, vai mudar apenas o numero de antes(prefixo).

Uma coisa engraçado você escreveu, a pol, é uma menina e não menino, mas temos o Gypsi, como alternativa, um beijo de sua doidinha e tchal de novo
tchal
W

Oi W!

Tudo bem com você? Aqui está bom, mas não tem muitas novidades. Tive meu curso sobre técnica e educacão ontem. Marcei com o professor wue eu escrevo um trabalho sobre um texto de Schelsky. Vou cmecar esse fim de semana. Não vou sair muito, so hoje a noite tem um show de uma banda (Sandow) eu quero ver.

Mas não vou tomar cerveijinhas para poder trabalhar no sabado. É uma banda que já existia na alemanha oriental. Fazem um Rock experimental. Na alemanha oriental as musicas deles tevem letras criticas e eles foram proibidos de tocar publico como a Legião Urbana.

Na quarta ajudei um amigo na mudanca, agora não podem vir mais mudancas, porque todo mundo que eu conheco já se mudou no ultimo ano. Depois tomamos uma cerveja e eu fui para cuidar dos gordinhos. Era perto do novo apartamento do meu amigo, por isso fiquei lá até a hora de „babysitting". Não tive problemas com eles, brinquei com o menino com trems e a menina brincou sozinha. O gordinho gosta muito de trems e agora tem um que anda sozinho e ele é muito orgulhoso. Ele tambem gosta de andar de trem. Tem aqui as trems de cidade que são pequenos e não vão muito rapido e longe.

Com dois anos ele não percebeu a diferenca entre esses trems de cidade e um trem „certo" e ficou feliz de ir com um deles. Agora já pegou a diferenca e anda frequentemente com os trems de cidade. Por isso perdiu a graca para ele e ele quer ir sempre com um trem certo, quando é possivel com um ICE que faz até 300 km/h.

Na segunda vou pegar meu visto na embaixada do Brasil, espero que está pronto.

Com meu bilhete está tudo bem. Você ainda tem certeza que você quer para cá em outobro? Eu podia reservar um bilhete para você aqui que ficaria mais barato que no Brasil. Você teria ir com a Air France pelo Paris. Mas você fala frances e aqui vou te pegar no aeroporto.
Muitos beijinhos
D

Oi meu Téo:

Agora estou muito nervosa pois estou neste computador a 2.30h e não conseguia fazer conecção com o cervidor, esta porcaria (palavrão) é muito ruim e estou muito nervosa, tenho a impressão que o sangue vai ferver, e já tinha passado por outros cinco computadores, parece que temos 20 computadores que não vale por um.

Estou bem, ontem fez muito frio e choveu, mas apenas uma garou o dei e a noite inteira (é uma chuva bem fraca) mas foi o suficiente para deixar um frio bem considerável, hoje teve a inversão o dia está quente demais, estas mudanças bruscar de temperatura é muito ruim para o organismo, eu por expemplo estou como que quer gripar.

 Você me perguntou se eu quero ir com você? Quero sim, tanto que já vendi quase todas as nossas coisas, só falta o fogão, só não vou vender o ar da sala, a comoda e a cama de solteiro que minha mãe pediu para meu sobrinho pequeno, quanto ao fogão vou ver se arranjo compradores, quando for no dia 30 de junho os compradores vem pegar os móveis, fiz um trato com eles. Mas continuamos com um problema, só fiz o curso de francês instrumental, e não sei falar quase nada, dá para traduzir textos, pois este foi o objetivo do curso. Estou achando cada vez mais dificil ficarmos juntos, as diferenças e as dificuldades parece que são grandes demais, tenho medo de não conseguir-mos, acho que é por isso que não consigo mais dormir direito, tenho certeza que vou estar com você em sampa, mas e apartir daí como será? Se eu voltar vai ser mais triste do que quando te deixei no aeroporto do Recife, estou me lembrando agora naquela festa que fomos na casa daquele professor, ele nos disse que você iria embora e eu ficaria, tenho medo em pensar que isto seja verdade, estes dias já estão sendo bem difíceis para mim, e depois como será? Acho que vou ter que te esquecer e você fazer o mesmo.

Enquanto isto é melhor pensarmos que vamos estar juntos pelo menos por 3 meses, quem sabe daquí para lá acontece um milagre, é estamos precisando de um e dos grandes, se você acreditar em Deus tem que começar a rezar, pois eu vou fazer isto tambem. Precisamos de algum milagre e dos bons. Al!!! o problema da Pol é que ela é uma mulher e você é um homem, entendi que você esta se referindo a você como sendo ela que estava falando entendeu? Téo, você consegue entender tudo que eu escrevo? Fico procurando palavras mais fáceis para escrever mais não sei se você tem muitas dificuldades, mas acho um grande avanço, pois só agora entendo a dificuldade de se raciocinar em outra lingua, vejo que você apredeu bastante. Estou com muita saudade, os dias parece que não passam, você sente isto? Acho que não, isso é um problema sério meu.

Vou almoçar agora na casa da minha avó, o marido da minha tia que mora em Brasília morreu e uma de minhas tias viajou ontem para Brasilia, não me pergunte sobre ele pois não conhecia muito, mais as filhas estão muito triste e pediram para minha tia ir para lá. também não tenho mais novidades, vou agora a tarde no centro me informar sobre as mudanças dos prefixos de telefone e segunda feira te escrevo falando sobre isto, acho que vou passar a tarde do domingo na casa da minha vó vai ser bom pois só assim penso menos besteiras. Um beijo bem grandão, cuidado para não beber demais .Ah!!! Você está
fumando muitos cigarros? Não pode fazer isto, se não vai deixar sua doidinha triste. beijos W

134

Oi W!

Recebi suas cartas. Acho que não vai dar tantos problemas como você pensa. Temos que tomar decisões e quando nos queremos ir juntos, nos vamos. Só temos uma vida, não podemos tentar dois vias no mesmo tempo. Temos que escolher um, e nunca vamos saber como ficaria se tivessimos tomado o outro. Por isso nada vale para se arrepender, se tomamos uma decisão, temos que viver com ela. Não sei se vamos ficar o resto da nossa vida juntos, só sei que te amo e quando você me ama tambem temos que ficar juntos. Quando você vem comigo eu sei que tenho uma responsabilidade para você. E eu vou fazer o possivel. Mas você tem que conseguir sua independencia, tem que aprender alemão e procurar um emprego. Não pode viver como meu irmão: Ele vive dependente dos meus pais, e quando isso não muda e eles não podem ajudar ele um dia, ele vai cair num grande buraco, porque ele nunca aprendeu que organisar suas coisas sozinho. E um dia é tarde demais para aprender isso. Quando você é novo a sociedade aceita erros e ajuda na aprendizagem, mas quando já tem uma certa idade as coisas ficam muito mais dificil, tambem fica mais dificil aprender novas coisas quando já foram sempre no mesmo jeito por muitos anos. È mesma coisa com a Alemanha oriental: O governo organizou tudo para as pessoas, todo mundo recebia um trabalho (se quis ou não), até as ferias foram organizados pelos „sindicatos" (que foram uma agência do governo comunista). Muitas pessoas não aprenderam organizar essas coisas sozinhas, podia se falar que tem gente que não podem mais viver sem a ditadura, mesmo sem eles foram involvidos na ditadura. Já tem um tipo especial do alcoolico que não existe assim na Alemanha ozindental e uma violencia maior na parte oriental. E eu não quero que isso acontece com meu irmão nem com você.

Noticias não tenho. Fui para o show de Sandow, foi bom. O resto do fim de semana li meus textos para os cursos e agora vou comecar escrever os trabalhos.

Muitos beijinhos

D

Oi Téo!!!!

Como você está? O computador não me deu notícias suas, sempre fico preocupada pois não sei o que pode ter acontecido. Espero que estejas bem, venho a tarde para assistir aula e venho olhar se você já me escreveu: espero que sim.

Aquí continua tudo bem, não fui para a festa no parque do povo, preferí ficar em casa, disseram que foi como todos os anos, acho que não perdi muita coisa, quando já se conhece como é já sabe o que vai acontecer, é bom quando é novidade. Fui para a casa da minha mãe, todos os meus sobrinhos estavam doentes, é uma virose que está dando nas crianças, elas ficam parecendo que estão com gripe mas junto com ela vem diarréia e vómitos constantes, nada que comem fica no estômago, os meninos perderam peso, mas acho que hoje já estão melhor.

Procurei saber sobre o novo pre-fixo de telefone, mas como tudo no Brasil a lei vai entrar em vigor a partir do dia 20 de junho más ainda eles não tem informaçãoes certas, tudo indica que a nova numeração derá 3210875 ou 3210875, isto é você acrescenta 021 ou 031 com os numeros que você ja tem cada numero desses é a de uma companhia de telefones diferentes e dizem que vão ser concorrentes estabeleceram tarifas diferentes, eu duvido muito que isto aconteça, já vimos que isto não dá certo no Brasil.

Você ainda quer casar comigo oficialmente? Se quiser tem que trazer o registro de nascimento, passaporte e tradução de ambos, isso pode ser feito aqui no Brasil ou se você ja tiver serve.

Nem acredito que dentro de três semanas estaras aquí!!!! Quero que os dias passem rápido, parece que eles estão teimando comigo, mas acabo ganhando. Acho que sofro do mesmo mal que seu irmão, é tenho insegurança, continuo me perguntando se você gosta de mim o suficiente, ou pelo menos o que eu espero, sei que vamos passar por momentos bem difíceis e tenho medo que você se arrependa, talvéz seja pelo fato de você ser um pouquinho mais no que eu ou de sermos tão diferentes em tudo, até em país!!!! Mas acho que nunca tomamos decisão tão importantes que vai mudar muito de nossas vidas, aquí já tivemos uma prova nos meses que passamos junto., foi muito bom, mas e se você derrepente não quiser mais continuar e tiver medo de me falar isso? As mudanças vão ser muito grandes e agora realmente estará incluida nossas famílias, fico preocupada com isso, não sei como vai ser, se vão aceitar, digo isso não pela minha em que todos já te conhece, mas pela sua que nunca ví e não sei se você contou tudo sobre mim, se derrepente não contou, como vai ser? ou se contou como vão me receber, o que esperam de mim.

Pior vai ser se você descobrir que não gosta de mim o suficiente, é tenho que pensar em tudo afinal, nessas coisas a mulher amadurece primeiro que o homem e no nosso caso isto pode ser verdadeiro. Tem que me falar sobre isto, mesmo que venha a me magoar, pois as mudanças vão ser maiores que imaginamos e temos que estarmos certos do que queremos, pois vou precisar muito de você se tiver que ir embora com você, pois vou ter apenas a você, nem a minha lingua vai ser mais util, tudo vai ser muito diferente para mim, estou com medo de fracassar.

Sei hoje que quero fazer isto, nunca gostei tanto de alguem a ponto de ter tanto medo, antes sempre tinha um certo controle da situação, agora, não sei mais nem o que é isto. Te amo e tenho certeza que quero fazer isto, mas você também tem que ter para não se arrepender depois, pois vai ter companhia para o resto da vida e quem sabe alguns filhinhos bem coloridos pois vão ter um pouco de mim e de você.

Espero que você me escreva ainda hoje.

um beijo dessa sua doidinha que continua pessando muita besteira

W

Oi W!

Tudo bem aqui. Você tem que pensar mais positivo. Ficar aqui pode abrir novas chances para você. Que chances tem em C? Tem que ser forte, mas vai ter chances. Tem que aprender alemão e tentar conseguir uma inscrição para um curso de extenção em fisioterapia aqui para poder trabalhar na sua profissão. Vai ser dificil, mas tem que tentar, nunca desistir. Infelizmente não sou rico e você vai ter que fazer sua via. Mesmo se eu seria rico não queria você dependente de mim. Isto não significa que não vou te ajudar com tudo, tambem com as financas como posso. Mas não falamos mais disso, vamos ver como vai ficar. Estou escrevendo meu texto e já tenho pouco tempo, mas espero que vou conseguir. Espero que o professor aceita meu trabalho porque ele é estrito e normalmente não pode estar abcente nas mais de 2 aulas do curso. Mas eu vou perdir 4 aulas porque tenho que viajar antes do fim do semestre. No outro curso avanei para ser professor: Pegei uma palestra na proxima terca sobre Foucault e hoje meu professor me disse que ele não pode vir para o curso e eu tenho que fazer a aula sozinho. Isso significa que tenho que ser melhor preparado ainda. Vamos ver como se enrola. Alem disso não tem muitas novidades. Peguei o visto na embaixada, eles me daram 120 dias para ficar no Brasil. Tenho que me registrar na policia federal lá quando chegar.

Vou te ligar no dia 29 quando cheguei em Sampa. Não tenho medo de voar, nunca tive e já fiz muitas vezes, eu até gosto de voar, mas só quando é menos de quatro horas, e vai ser bem mais desta vez. Não porque o tempo faz medo, mas porque vai ser muito cansativo sentar um tempo desse num avião. Desta vez não vai ser tão horrivel como minha volta para ca, porque não preciso ir para Recife ainda. D

Oi meu D!!!

Recebi esta mensagem na sexta feira, mas sempre que venho na segunda feirab fico pensando que você escreveu no domingo e vai ter pelo menos um "oi eu bestou bem" me esperando no computador, acho que escrevo demais, converso bbesteiras até pelo computador.

Quando te falei que estava com medo e só podia contar com você foi no bsentido que não ter amigos ou muitos conhecidos como aqui, os que se estiver bdoente por exemplo só posso contar com você. Sabe, as famílias aqui são bem diferente daí, elas entrão muito na sua vida, tanto que dão opiniões em tudo e você acaba se acostumando com isto, é uma questão cultural, filhos serem criados "na barra da saia da mãe" e isto não importam se são crianças ou velhinhas como eu, entram tanto na sua vida que querem dirigir até suas finanças, isto é um absurdo mais é real, isto não acontece só com mães mas os parentes mais próximos como: avós e tios. acho que é por isso que os brasileiros gostam tanto de saber da vida dos outros.

Acho que nunca teria a sua coragem de ir para um outro país absolutamente sozinha, neste ponto sou realmente dependente, também nunca sequer pensei ou fiz isto antes, sei que tenho que trabalhar e ser livre economicamente e vou fazer isto, mesmo que tenha que procurar outros tipos de emprego, para isto estou preparada e não tenho medo, pois aqui já trabalhei como recepcionista, vendedora numa loja não tem problema. Talvez tenha receio quanto a discriminalização que vamos sofrer, sei que ser latino americano não é boa fererencia em qualquer lugar do mundo, dentro do próprio brasil isto acontece com os nordestinos, aconteceu conosco de forma discreta em alguns locais ou você não lembra? Sempre que isto ocorre em meu país tenho como me defender mas só posso contar com você quando sairmos daqui. É disto realmente que tenho medo, acho que você nunca sentiu medo do desconhecido, mas eu sim, não consigo imaginar como vai ser, as pessoas dizem que não vai ser nada fácil, que os primeiros dois anos vou querer voltar para casa pois tudo é muito diferente. Acho que só provando como vai ser é que vou saber dar minha opinião sobre isto, não vou mais te fazer estas perguntas bobas, pois acabei de descobrir que você acha as coisas mais fáceis do que eu, e deve saber mais disso que eu pois já experimentou dos dois mundos. Acho que é pura insegurança. Vou estar dia 10 de julho te dando muitos beijinhos, acho que muito cansada mas bem mais feliz que hoje com certeza. Te amo e como você disse : queremos ficar juntos

Esqueci de te dizer: este prefixo de telefone entra em vigor a partir de julho, você liga para mim quando chegar em sampa? Temos que combinar até o dia 20 de junho pois ainda não se sabe como vai ser o recesso de são joão aquí na universidade, talvés a universidade abra no dia 25, mas não é certeza.

Téo!!!!! Não está apreensivo em pegar um avião e ficar tanto tempo voando? Já está chegando a hora.

um beijo , não, muitos beijos
W

Oi W

Estou na sala dos computadores do mestrado, os computadores que estava usado estão ocupados ate amanhã, consegui escrever aquí, mas não consegui ler sua carta, nao apareceu a cetinha de permissao para leitura, vou tentar mais tarde depois da aula. Escrevi alguma coisa em alemão mas não tenho certeza se as colocações estão corretas. Aquí não temos novidades, tem um dia muito bonito, com sol e vento.

Ah!!! A banda de Artur conseguiu gravar uma música que vai sair no CD com as melhores musicas do São João de C, para eles é muito bom, principalmente porque tem pouco tempo de banda, parece que eles tem muitos lugares para tocar esta mês.

Acho que não dá para escrever em alemão, tentei agora mas faltou muitas palavras, o vocabulario é insuficiente, tenho que estudar muito e muito mais, as vezes acho que é dificil demais pois ainda erro muito até mesmo nas aulas a inversão do verbo que tem no alemão e que não existe no português, só posso melhorar com a ajuda do meu professor particular, você. Tem dias que as aulas vão muito bem, entendo quase tudo e fico muito feliz, mas tem outros dias que não entendo quase nada e isso me frusta muito, fico muito nervosa quando ângela me faz perguntas e parece que as palavras somem da cabeça, quando saio da sala de aula e me lembro da bobagem que era para responder fico com raiva de mim.

É engraçado pois em casa parece que sei falar mais, consigo formar frases com mais facilidade, mais na aule é um terror, todos ficam te olhando para ver se você vai errar, tem uns bem adiantados que começam a rir, eu não gosto disso. Mas está tudo bem, tenho que aumentar o vocabulario, se estives-

semos junto estaria bem melhor, agora me arre-
pendo de não ter estudado o semestre passado,
mas nunca imaginei que pudesse precisar de
alemão um dia, muito menos que ia me apaixonar
por um deles, mais ainda que iria embora de C,
nisso você tem razão, mesmo que nós não tivessemos juntos, eu teria que ir embora daqui, e pensei
em fazer isto lembra quando fiz planos com Mônica
para ir para o Maranhão, ela parece que está muito
bem, conseguiu emprego que dá para se sustentar,
vem agora no São João para aquí e vamos nos encontrar, talvez a turma toda, estão pesnsando em
fazer minha despedida e a volta de Mônica no parque do povo, acho que vai ser bom.
Não vou ter mais medo, mesmo porque não há mais
tempo para isto, sei que para ficarmos juntos temos
que passar por isso, tambem sei que as oportuni-
dades aí são muito maiores, no Brasil não ha muito
para onde ir, não tenho ilusões sobre isto, mas fico
preocupada de chegar aí e não poder arrumar logo
emprego por não saber falar sua lingua. Tento
aprender mais rápido e não consigo, não tenho
tambem dinheiro para levar e isto me deixa mais
aflita, tomara que tenha sorte de achar alguma
coisa em Sampa pois aqui tentei de recepcionista a
poucos dias mas queria que você visse a quanti-
dade de pessoas na fila para esse emprego, e o resultado ainda não saiu, se sais não dá para trabalhar nem mais um mês. Mas vai dar tudo certo, sou
muito pessimista e tenho que mudar isso.
Vou para casa agora pois está ficando muito tarde e
vai ficar perigoso ir para casa sozinha. Ah!!!! Agora
estou na sala des computarores que sempre te
escrevo esta hora está liberado e os computadores
são mais rápidos, sexta feira de manhã te escrevo
mais. Estou com muitas saudade espero que os
dias passem rapido pois não quero dormir mais

sozinha, no dia 29 vou estar o dia inteiro na casa da minha vó esperando você ligar, como ainda vai ser junho o numero é o mesmo que você levou daqui, só muda apartir do dia 02 de julho.

Consegui entender tudo que você me escreveu, isso é um bom começo!!!

Um milhão de beijos, pois tem muito mais aqui

D

Oi D:

Espero mesmo que esteja bem pois não consegui ler suas mensagens, os computadores daqui estão doidos e ninguem está consiguindo ler mensagens, já perguntei as meninas dos computadores ao lado. Fiz a carta em alemão mas acho que está errada não consigo pensar em alemão e para escrever é uma dificuldade, acho que é porque só tenho dois meses de estudo e tenho que aprender mais palavras e saber escreve-las direito.

O tempo aquí está frio, de ontem para cá chove bastante e também não tem sol, está bastante escuro, falaram na televisão que todo o final de semana vai ser assim, ao menos está chovendo mais que o ano passado, mas ainda é insuficiente.

Amanhã é dia dos namorados por aquí, só se fala nisso e aí é que fico mais triste porque meu Téo não está comigo, queria dar muitos beijinhos, abraçar muito. Não gostei da distãncia pois isso não dá para fazer. Em nossa casa tudo está bem, apenas muito fria. A que horas você tem previsão de chegar? Ainda não me disse. Também não te disse o ônibus que vou para Sampa. Vou no Itapemirim C/S com previsão de chegada entre oito e nove hora do dia 10 de julho, está confirmado.

As aulas com Ângela só vai até a próxima quarta feira pois, a semana seguinte tem São João e a outra ela vai viajar para Bahia para uma palestra, isso é ruim para mim pois fico com menos aulas ainda, só tivemos praticamente 10 aulas e isto é muito pouco. Você pode me ajudar em Sampa? Vou levando material de estudo e preciso de ouvir conversação para pegar as palavras e o jeito de falar mais rápido.

Não tenho mais novidades, um beijo e felix dia dos namorados, quando dormir, tem que lembrar

146

de mim, quem sabe as distãncia não diminue um pouco.

Te amo muito,

um beijo

W

PS

Téo não sei o que está acontecendo com esses computadores da universidade, mas não consigo acessar aos e-mails, pior não sei se você está recebendo os meus, vim só para testar agora a tarde mas nada, não consegui notícias suas, está tudo bem, mas queria saber de suas cartas se continuar assim não sei como vai ser, acho que é o provedor pois esta em computadores de toda a universidade, mas a menina que está aqui do lado disse que teve acesso as cartas dela, de qualquer forma só segunda vou ter certeza. Estava a pouco tempo naquele barsinho de frente da universidade uns colegas me chamaram e acabei indo, estava muito sem graça e resolvi vir para aqui. Fez um final de tarde bem bonito, choveu até duas horas mais derrepente a chuva foi embora e o sol apareceu, ficou frio mais muito bonito, vou para casa agora, as meninas marcaram de se encontrar no parque do povo, ainda não sei se vou, tenho que decidir, ví H indo para o aprtamento dele estava longe e não deu para conversar.

Espero que seu final de semana seja bom, estude bastante para não deixar nada pendente e se der tempo pense um pouquinho em mim;

um beijo de sua

W

Oi W!

Tudo bem aqui. Não fui para minha aula de portugues ontem, porque tenho que escrever meu trabalho sobre Schelsky. Quase terminei isto mas na terca ja tenho a palestra sobre Foucault e tenho que preparar ainda. Vou terminar o trabalho hoje, mas amanha vou para visitar C em H, e não fica mais muito tempo para o Foucault. Vou ficar em Haté domingo, não sei se vai dar tempo para te escrever no fim de semana, não precisa ficar preocupada quando não mando carta. Ou vou escrever só algumas palvras no domingo a noite: „Cheguei bem" ou alguma coisa assim.

Alem disso não tem muitas novidades. Fiquei trabalhando e não tive tempo para sair.

Não fica o tempo todo pensando em casa, vai para o parque do povo e se diverte! Sò não pode dar beijinhos nos homens brasileiros. Tem que fazer minha despedida posterior tambem.

Gostei que os doidinhos fazem sucesso. Achei eles bom e espero que a banda fica famosa um dia. Ouvi o CD de Chico Science alguns vezes e gosto cada vez mais. É muito experimental, as vezes não prestam os experimentos, mas teve um potencial enorme. Que pena que o lider da banda já morreu. O Chico Cesar tocou aqui em Berlin, mas eu não fui. Já estive no show de Sandow um dia antes e dois shows num fim de semana é demais. Alem disso cobraram 30 marcos, achei muito. Alguns alunos do meu curso de portugues foram e dissem que era muito bom. H escreveu que ele vai embora de C ainda em Junho, não escrveu porque, mas acho que achou emprego aqui na alemanha. Ele tem familia aqui e ficou dificil para ele ser dividido da mulher. Alem disso não tinha se acustumado com C, nem com o portugues, você sabe disso.

Queria encontrar com J antes de ir para S, mas acho que não dá mais tempo. O proximo fim de semana vou para Halle, o proximo para Bremen e Kiel e o proximo para R e depois já estou em Sampa e espero minha doidinha.

Muitos beijos

D

.

2001

Oi meu D:

Espero que esteja tudo bom com você, pois aquí não consigo mais ler seus e-mail, acho que não é problema só dos computadores daqui, pois já tentei no mestrado e não deu resultado. Não sei se os meus e-mail chega até você, tudo que sei é que as cartas chegam, mas não podem ser abertas, se elas estiverem chegando escreve com o endereço na linha ao lado, SIM EU ESTOU BEM, me diz também a que horas que você vai chegar desta mesma forma porque é só assim que posso ter notícias.

Aquí está tudo bem, minha mãe está aquí veio resolver a documentação da separação, pois se casaram aquí e ela quer voltar a ter o nome de solteira, tem que pegar um novo registro de nascimento e refazer todos os documentos novamente, mas ao resto continua a mesma. Fui para o parque do povo no final de semana, foi muito bom.

A noite, depois da aula de Ângela volto aquí para ver se consigo ler suas cartas, se não conseguir temos que fazer como te disse. Agora está pior, nao consigo ler nem suas cartinhas!!!!!! Não gostei, acho que vou chorar. Parece que os computadores ficaram bons novamente, consegui ler suas cartas e tinha muitas novidades que não sabia todas as cartas da semana passada ainda não tinha lido, pois eles estavam loucos, espero que não fiquem mais assim. Como está C?

Não fique preocupado, fui para o parque do povo más só para ver gente nova e me divertir, não para beijinhos ou outras coisas, estas, são do meu Téo, mas você não anda dando beijinhos por aí não é? Os beijinhos e tudo mais são da sua doidinha tem que lembrar disso!

Estou com muita saudade e não vejo a hora de te dar muitos beijinhos.

Acho que só vou passar o final de semana na casa da minha mãe depoisque você chegar no Brasil, até lá agente combina, ah!! tem que me dizer que hora você vai pegar o avião e que horas tem previsão de chegada em Sampa para eu ficar esperando seu telefonema na casa da minha avó.

O parque do povo esta um pouco melhor este ano, tem mais atrações, mas também está mais perigoso, mataram três pessoas desde que começou, por isso é bom sempre ir com uma grande turma.

Vendi quase tudo em casa e no dia 30 deste mês entrego tudo, nossa casinha vai ficar vazia, mas não tem problemas vamos fazer outra bem mais bonitinha um dia. Peguei um endereço de onde tenho que ir em Sampa para me cadastrar e arranjar emprego, tenho que tentar quando chegar lá. Ainda não sei com quem vai ficar a nossa casa, mais provavelmente vai ter discussão até quanto a isso, minha mãe queria passar definitivamente para o meu nome e ficar cuidando da casa, talvéz consertar e alugar depois, mas não sei se meu pai já fez outros planos para ela, acho que vem mais discussão por aí, eu disse a ela se não tiver jeito venda a casa e divida o dinheiro. Espero que eles consigam resolver como adultos, pois até agora meu pai não demonstrou que tem esta faculdade, o ser adulto.

Não tenho mais novidades, espero que termines os trabalhos em tempo, mas cuidado com as festinhas de despedida hein!!!! Não pode ter muitos beijinho, abraços etc.....
um beijo, muitos beijos:
W

Oi W!

Tudo bem ai. Fiz meu trabalho e apresentei ao curso. Acho que foi mais ou menos bom. Era bem difizil porque meu professor não estava. Precebi que é muito cansativo guiar uma discussão. Aqui sempre tem que apresentar textos para o curso e depois todos dicutem. Acho que é a mesma coisa no mestrado em C. Normalmente o professor guia a discussão. Ele tem um conhecimento bem maior e esta acustumado com essa situacão. Eu tive problemas porque fica dificil evitar que a discussão para e ninguem fala mais nada ou a discussão vai para detailes que não são importantes para o tema. Quando ninguem fala mais alguma coisa singnifica: Você tem que falar e dar uma provocacão para ser discutido. Por isso eu tive que ser muito concentrado enquanto normalmente pode dormir um pouquinho quando não consegue mais entender alguem ou alguma coisa. E isso fica cansativo. Mas resolvi essa coisa.

Agora só tenho que apresentar um texto sobre um projeto para pequenos empressarios em Recife num outro curso na proxima semana.

Nesse fim de semana vou para Bremen uma amiga faz aniversario e eu vou lá com C e um outro amigo de Potsdam (uma cidade bem pertinha de Berlin). No sabado vamos para um show perto de Bremen (Kiel) dos Stranglers, uma boa banda. Por isso já vamos sexta feira a tarde e eu não posso te escrever no fim de semana. Vou fazer isso na segunda.

Vou chegar no dia 29 bem cedo em Sampa.

Alem disso não tem muitas novidades aqui. Hoje a tarde vou jogar com G e um outro amigo Skat um velho jogo alemão muito intelligente, as vezes intelligente demais para mim (Depende com quem eu jogo).

Ah, hoje na aula de portugues teve uma discussão sobre um dialogo no nosso livro de exercicios. Foi uma briguinha entre mulher e marido sobre uma camisa que ele não achou porque a mulher botou num lugar ele não conhecia. As mulheres no curso dissem que ele podia procurar a camisa mesma. Eu defendi o marido para provocar um poucinho, você sabe que eu gosto disso. Disse que isso é um problema de ordem e organizacão. Disse que mulheres tem uma outra ideia de que significa ordem. Disse que homens tem uma ordem interna nas coisas, que as vezes parece caotico, mas não é, porque sempre sabem onde esta o que. E mulheres acham que ordem significa uma boa aparencia, achar coisas não é tão importante para elas. O auditorio ficou bravo e disse que eu propagaria preconceitos. Gostei. O que você acha?

Muitos beijinhos do seu D

Oi D!

Espero que esteja estudando pois o tempo está passando agora mais depressa, quero que você defenda bem o tema. Como isso é feito aí? Se parece como no mestrado onde você recebe textos e tem que apresenta-los para o professor e alunos?

Não te escrevi ontem, te falei que a universidade ia fechar por paralisação dos alunos, é eles estão reinvidicando a alimentação para os alunos carentes que a universidade cortou, ninguem entrou ontem na universidade, nem professores nem funcionários.

Vou para a aula daqui a pouco mas antes resolvi te escrever mais um pouquinho acho que é o que eu mais gosto de fazer, conversar, acho que você já sabe disso. Tenho uma novidade que seus ouvidinhos não vão gostar muito, pedi para minha tia gravar musicas sertanejas para mim, ela já gravou e já me entregou as fitas, ficaram do jeitinho que eu gosto e que você não pensaria em comprar, tem os cantores que mais gosto como: Leandro&Leonardo, Chitãozinho&Chororó, Zezé de Camargo&Luciano e muitos outros.

Na verdade isso foi uma grande idéia ao menos vou levar um pouquinho do que eu gosto do Brasil comigo para ouvir muitas e muitas vezes, só está faltando gravar alguma coisa de forró de bandas conhecidas aquí do nordeste, isso vai ser realmente muito bom, tanto que você vai até começar a gostar quando aovir umas 20 vezes. Estou brincando!!! Mas são musicas muitos boas vou te mostrar. Você tem fitas de musica em alemão?

Tem que trazer se tiver assim vou ouvi-las ir me acostumando com o som e as palavras. Hoje estava conversando com um professor que foi fazer doutorado na Inglaterra, ele disse que falava razoavelmente bem o inglês aqui, mas quando chegou lá ficou as primeiras semanas sem entender quase nada. Acho que não vou passar por isso com o alemão poi, já vou sair daqui sem falar muita coisa e a frustação não vai ser muito grande assim, sei que não vou entender quase nada mesmo. Será que em seis meses vou estar falando bem? Estou nos ultimos dias muito preguiçosa para estudar alemão, tenho que ter mais coragem, vou tentar.

Te escrevo de novo na próxima quarta feira, um beijo bem grandão......
W

Oi W!

Como está? Eu estou com muito sono, não dormi quase nada esta noite, comecei a arrumar as coisas e quando fui me deitar não consegui mais relaxar, estou muito cansada, ainda por sima vim para o dentista e depois de esperar um tempo ele saiu da sala e disse que não poderia atender só amanhã, não goste pois estava antes das sete horas esperando, acho que depois vou para casa dormir um pouquinho.

Não te acho machista, muito pelo contrário, o padrão de machismo no Brasil é muito pior, tanto que temos associações oficiais dos machistas, é são homens que defendem abertamente isto como lema de vida.

Ser machista aquí é sempre achar que a mulher é inferior ao homem e tem que viver em sua dependencia em todos os sentidos. É a velha história que a mulher nasceu da cotela de um homem como está no velho testamento (biblia). O que se tem que reconhecer é que os homens são diferentes das mulheres, tanto é que nossos hormônios funcionam diferente, somos criados para ter atitudes diferentes, criou-se muito aquela ilusão que a mulher é mais fragil que os homens, mas acho que nem por isso , por ter menos força física somos inferiores, somos apenas diferentes, acho até muito bom, já pensou se todos fossem desorganizados como os homens?

Não teria tanta graça acho também que nós não ficariamnos juntos pois eu não queria dormir e acordar com uma pessoa igual a mim, acho que tem que haver uma média em tudo Com a gente é assim, você desarrima as coisas e eu reclamo, eu perco as chaves de casa e você me diz está onde você deixou!!!!! E tenho que procurar, eu gosto de roupas engomadas e você reclama para que tanto trabalho mas termina se acostumando: a propósito! Você está andando arrumado e com camisas passadas? Não gosto quando anda desarrumado!! É dia também de fazer barba, não pode esquecer.

Acho que nós somos bem diferentes, conosco até a cultura é bem diferente, muitas vezes acho que você faz uma coisa que não consigo entender porque, mas aprendi que a resposta esta na foma de ver as coisas diferentes de nossas culturas, mas até hoje conseguimos conviver bem com isso acho que daqui por diante não vai ser pior pois já vivemos algum tempo juntos e você saba alguns dos meus defeitos e virtudes e eu conheço os seus, se pudermos controlar as situações que acontecer, vai ser muito bom!

Você me ama? Não me disse mais isso e eu gosto de ouvir ou escrever no nosso caso atual. EU TE AMO MUITO E ESTOU COM SAUDADES.

Não sei o que fazer com tantas roupas, já doei uma mala inteira, mas a minha mala parece que não diminui acho que vou ter problemas com excesso de bagagem, ainda por cima estou levando coisas para casa que vamos precisar em Sampa e vai dar uma outra mala, acho que tenho coisas para no mínimo três pessoas, vê outra diferença nossa, guardo coisas demais algumas nem preciso mas fico preocupada ,se faltar não vou poder repor tão cedo. Também não conheço para onde estou indo e esse é o problema.

Vai para o aniversário de uma amiga é? Cuidado para não gostar demais dessa amiga e me botar algumas pontinhas, nâo vou gostar, não te botei nenhuma neu em sonho e não quero também ou você já me colocou alguma? Diga a C que mandei lembrança e que ainda hoje lembro das conversas via dicionário, foi muito engraçado acho que agora dá para falar o mínimo com ele pelo menos não iamos ficar tão mudos, peça desculpas minhas também pelos dias chatos, as vezes sou muito chata até mesmo com você eu reconheço.

Agora vai ter aula aqui na sala e tenho que sair, acho que não vou te escrever amanha pois vou tentar ir novamente ao dentista, segunda te escrevo de novo. Bom final de semana e cuidado para nao beber ou fumar tudo, não podemos ficar mais distantes do que tamos agora, a saudade está grande demais e não vou aguentar mais que três semanas.

um beijo D

Oi D:

Espero que a festa tenha cido boa, acho que você só vai ler isto na segunda feira, está tudo bem, não consegui ser atentida pela dentista novamente ela veio mas acho que não quis atenter, é isso que me dá raiva aquí, as pessoas não tem muito respeito com os compromissos e se for funcionário público é pior.

Encontrei ontem com S, falei com ela, está muito bonita, os cabelos estão maiores e acho que ela fica melhor assim. Ela falou que nunca mais teve notícias de J, acho que falou com um pouco de recentimento, pois viveram tantas coisas e ele a esqueceu assim que saiu daquí. Alguém escreveu para você em português? Se sim pode ter sido ela, pois veio me perguntar se não tinha mais notícias de vocês, mas também não disse que tinha escrito nada, antes tinha pedido seu endereço.

Estou bem, sem problemas, na proxima semana vamos ter feriado, mas te escrevo se puder. NAO ESQUECE; VOU ESPERAR A PARTIR DAS 8:OOH DA MANHA DO DIA 29 SEU TELEFONEMA NA CASA DA MINHA AVÓ ME LIGA.

W

ps: Sabe quem me faz companhia todas as noites? O schimoffet que você me deu,

dorme todas as noites comigo

Oi W!

Estão faltando agora poucos dias, agora que os dias passaram desde que te deixei no aeroporto parece que passaram rápido, mas no começo parecia uma eternidade, ainda bem que está acabando. Já vendi quase tudo da nossa casa algumas pessoas vem pegar as coisas hoje, pedi para virem pegar só no dia 30 mas já pagaram antecipado e disseram hoje que vinham pegar resolvi não dizer nada, pelo menos não fico preocupada em viajar ou sair e roubarem alguma coisa que vendi. Quarta feira e quinta vai ser feriado na universidade, por isso só vou te escrever na sexta feira.

Vou ao dentista amanhã más é em outro lugar, aquí já desistí, não querem trabalhar para os estudantes. Na quarta feira vamos passar o São João no sítio do meu tio, nos nunca fomos para lá!! É muito bonito e fica aquí perto, tem milho e outras plantações, vai a família toda inclusive minha mãe, tios e primos, sempre fazem uma grande festa, soltam fogos, fazem fogueira, comem comidas e bebidas típicas da época, acho que vai ser bom, ao menos é a oportunidade de todos ficarem juntos e de ve-los antes de viajar. Não sei quando vamos estar aquí novamente.

Quanto ao que você falou, este preço é para uma pessoa? Achei muito caro, podemos conseguir bem mais barato, tem salas do tipo para escritório que é como um quarto com banheiro que pode servir muito bem, também não vamos ficar muito tempo. Saiu no jornal daquí apartamentos como o que você morava antes mas sem mobília por 300 reais, mas o bairro não sei se era muito longe do centro. Quando fui em S conhecí um bairro chamado Bexiga, é um bairro de italianos que tenha quartos como esse que te falei mas que moravam também pessoas, provavelmente estudantes, mas muito bons e com preço bom, não sei se tem ainda hoje, mas podemos procurar, se você não trabalhasse no meio de semana adiantaria minha passagem em uma semana para fazer isto, mas talvés fique ainda mais caro. Se pudesse era o que queria fazer dar muitos beijinhos bem mais rápido.

Sonhei com muitas pontinhas na testa, você me colocou alguma? Alias esta festa tinha muitas meninas que gostavam de dar beijinhos? Olha o nosso acordo! Não pode dar beijinhos ou outras coisas, não vou gostar disso, mas quero saber.

Dormí este final de semana na casa de Triphina (você a conheceu) fomos ao parque do povo eu, ela e a irmã dela, foi muito engraçado pois a irmã dela tem apenas 16 anos e fala bobagens normais de adolecentes que é muito engraçado para nós, não ficamos muito tempo, mas foi bom o parque do po-vo estava muito cheio e não encontramos nenhum doidinho, a banda de Artur ia tocar somente as 3:00h muito tarde preferimos vir para casa. Artur esta fazendo sucesso a toda hora sai na televisão noticias que eles estaram tocando em festas nas cidades, isso é muito bom para eles porque divulga a banda e de graça, tem muita sorte, além de serem competentes.

Só te escrevo na próxima sexta se aquí estiver aberto, muitos Eu não estou bem, sofro de uma doença muito esquisita, fui a um médico daquí e ele me disse que sofro de saudade, ansiedade excesso de beijunhos e abraços acumulados. Depois do dia-gnóstico foi receitado um remédio esquisito chama-do S, fui a várias farmácias e falaram que não exi-ste este remédio aquí no Brasil ele é unico e muito especial.

O que posso fazer doutor todas esses males em uma pessoas só é demais, o que o senhor indicaria como medicação? Espero seu diagnóstico e medida

164

a ser prescrita com urgência pois tenho muitos beijinhos e abraços acumulados e não sei o que fazer
com eles.

Espero ansiosa por notícias de sua eterna paciente:
D

Ps: acho que estou apaixonada pelo senhor, doutor
S, tenho alguma chance?

Oi meu D!!

Provavelmente você só vai ler este e-mail quando estivermos em sua cidade, embora saiba que isto aconteça não consigo imaginar como será daqui para frente, espero que melhor que hoje, escrevi uma carta sexta feira passada mas o computador falou que ela voltou, acho que desliguei antes de concluir a mensagem.

Vou entregar agora o cartão que dá acesso ao computador acho que não vamos precisar pois dentro de poucos dias estaremos juntos novamente e vou ter mais coisas para conversar pessoalmente que é muito melhor, amanhã você chega em S, queria estar no aeroporto te esperando mais não é possível, mais você é mais esperto que eu em termos de viajem vai saber se virar bem sozinho. Já arrumei toda a minha bagagem, acho que primeiro que você que chega amanhã você saba como sou apressada também porque vendi nosso guarda-roupa e cômoda, mas o valor faz até pena se pudesse levaria tudo como bagagem de mão, seri uma boa idéia não acha? tudo bem, vamos ter outros. Minhas malas quando você vê não vai acreditar, são 3 e enormes, vou ter trabalho para leva-las a rodoviaria, imagine quando chegar em Sampa!!! Quando estava arrumando as coisas só pensava em você dizendo "oh!!! para que tanta coisa" mas não sáo só as minhas coisas desta vez, tem também coisas de cosinha, roupa de banho e cama que vamos precisas em Sampa, melhor levar que tre de comprar pois vai ficar mais caro e como você falou temos contenções de despesas.

Estou com saudade e ela está aumentando a cada minuto, acho que não
vou conseguir dormir direito, fico preocupada você num avião tanto tempo espero

que me ligue amanhã logo que chegar pois vou estar esperando. Acho que agora acredito que os dias passaram, você já estara mais perto de mim e a próxima semana vai ser melhor ainda, pois temos muito beijinhos para dar.

Estou visitando todas as minhas colegas e pegando endereço, não sei quando posso ve-las novamente, mais escrever é possivel e vou fazer.

Espero que quando você ler tudo que escrevi estejamos junto e meu alemão esteja melhor que hoje.

um beijo da sua sempre e eterna doidinha que te gosta muito
W

Moinmoin,

endlich ist dieser teuflische Pakt zuende und wir können wieder in der guten alten Muttersprache kommunizieren. Ich habe gehört, daß Du in Berlin warst. Ich befand mich leider gerade auf einem kleinen Kuraufenthalt im Süden. Dort hält sich leider auch noch die Baubrigade auf, die eigentlich das Studio im Eastend schon fertiggestellt haben sollte. "Man muß nicht nur Geld für einen Urlaub haben, man muß ihn sich auch leisten können.", war der Kommentar unseres Haustechnikers und wenn ich erwähne, daß selbiger die Erkennungsmelodie von Darth Vader als Handy-Klingelton benutzt und sonst nicht viele Worte macht, kannst Du Dir vielleicht vorstellen, wie das gemeint war. Schade ist es allemal, wenn sich an dieser Situation etwas ändern sollte, werde ich es Dir mitteilen.

S hat geschrieben, sie wolle am 7.6. in BC ihren Geburtstag feiern. Leider wird sich das für uns kaum einrichten lassen, denn an diesem Tag feiert auch mein Papa Geburtstag. Er ist in dieser Beziehung etwas eigen. Eigentlich beginnt er schon wenige Wochen nach seinem Geburtstag seinen nächsten Geburtstag anzumahnen und zu planen. Proportional zu dieser autoreferentiellen Geburtstagsbegeisterung wäre daher die Enttäuschung bei unserseitigem Nichterscheinen.

Du wirst bei Deinem Besuch bemerkt haben, daß sich in der Grünberger Straße einiges verändert hat: Die Arbeiten am Wismarplatz sind fast abgeschlossen, die Dosenbiertrinker werden im kommenden Frühling ein angemessenes Ambiente genießen und bis zur Einführung des Zwangspfands mit ihren leeren Getränkegebinden dekorieren können. Aber auch Trauriges ist zu vermelden: Das El Mansourah Musikcafé ist pleite. Das Konzept war wahrscheinlich einfach zu fortschrittlich für diese

Gegend: Das gute alte „Zum Stammtisch" einfach von seinem vorurteilsbesetzten Namen zu befreien, an der Inneneinrichtung aber nichts zu verändern und die diskussionsoffene arbeiterfreundliche Atmosphäre zu erhalten und so die Avantgarde der Weltrevolution in der Kundschaft zu versammeln. Immerhin ist mit dem neu gestalteten Wismarplatz zumindest für die warme Jahreszeit ein kleiner Ersatz in dieser Hinsicht geschaffen. In diesem Sinne Beste Grüße

D

hallo D,

ich bins mal wieder. einmal die woche krieg ich hier nen termin.

dass ich mich nie bei s melde, liegt weniger an meiner unlust als vielmehr daran, dass ich ihre adresse nicht habe. falls du diese irgendwie ausfindig machen solltest, teile sie mir bitte mit.

den ordner mit den mietsachen habe ich unserem nachbarn maus anvertraut. frage: weisst du schon, ob du silvester nach st. p. kommst? kommt V mit oder ist das absolut unmoeglich? gefaellt es ihr in deutschland? ich glaube, fuer brasilianer ist der winter bei uns kein honigschlecken.

hat v aus deutschland angerufen? ich werde ihm versuchen zu mailen. seit dieser woche nehme ich an den wirtschaftssem. teil. endlich habe ich eine russin kennengelernt, die natuerlich deutsch spricht und mir die sache erheblich erleichtert. ich kann mir das vom dozenten zu schnell diktierte nach dem seminar kopieren und die sache dadurch natuerlich besser nachvollziehen.

habe ich dir schon erzaehlt, dass ich hier einen bekannten aus irkutsk getroffen habe? welch zufall. leider ist er voellig abgebrannt und vielleicht war es ein fehler, ihm einmalig geld zu geben. am naechsten tag stand er dummerweise gleich weider auf der matte und wollte wieder geld. was mir gar nicht passt ist, dass er einfach so bei uns hereinschneit, meistens halt mal wieder voellig ausgehungert und abgebrannt.

mal schauen, wies mit ihm weitergeht. die erste mail habe ich etwas zu frueh abgeschickt. ich sitze gerade im business-center, weil der uni-rechner schon seit 2 wochen streikt.

das mit dem schluessel ist ziemlich bloed. ich glaube, an meinem schluesselbund war auch ein schluessel fuer das obere schloss dran. wenn du einen hast, hatte ich auf jeden fall auch einen. wahrscheinlich ist es besser, ein neues schloss einzubauen, allerdings nur dann, wenn s unsere adresse mit im pass stehen hat.

von deinen heiratsplaenen bin ich sehr beeindruckt und faende es schade, wenn ich nicht dabei sein koennte. wenn v alle unterlagen dabei hat, muesstet ihr auf jeden fall in deutschland heiraten koennen.

hoffentlich findet ihr noch die moeglichkeit, hierher zu kommen. allerdings kann ich eure derzeitigen probleme sehr gut nachvollziehen. wenn hier alles mies lauft, muessen wir ende januar ausreisen. bis jetzt ist noch nicht geklaert, ob wir verlaengern koennen bis ende maerz. wir wollen halt unbedingt noch ans schwarze meer. manfred brauchst du erstmal nicht anzurufen, ich muss nochmal ueber alles nachdenken. seit einer woche habe ich die grippe, obwohl es hier enttaeuschend warm ist. wo bleibt der erste schnee? zeitgleich am sa. nacht hatte ich eine mysterioesen unfall, den ich jetzt nur kurz schildern kann. im wodka-zustand fiel ich im wahrsten sinne des wortes auf die fresse und zog mir unangenehme gesichtsverletzungen zu, die auch nach einer woche noch nicht ausgeheilt sind. sehe ziemlich mafioes aus. wir sind mit russen rumgezogen, die wir auf der str. kennengelernt haben und ich bilde mir ein, dass der eine mich ausrauben wollte. gottseidank brachte s mich nach hause, sonst waere ich mit sicherheit liegengeblieben.

jetzt habe ich erstmal genug, bin dankbar, mit einem blauen auge davongekommen zu sein und habe den wodkagenuss bis auf weiteres eingestellt. die ersten tage habe ich mich richtig scheisse gefuehlt, weil ich meine grenzen mal wieder nicht richtig eingeschaetzt habe. naja, langsam verheilen

die inneren und ausseren wunden und bis auf diesen kl. zwischenfall laufts hier mittlerweile ganz
gut.
also viele gruesse an s und v unbekannterweise.
hast du schon
die neue adr. von j?
W

Hi,

hier wie versprochen nochmal etwas ausführlicher. Ich sitze wieder mal im PC-Saal, wollte was im Internet recherchieren und Telefonkosten sparen, aber ich werde es wohl doch von zu Hause aus machen müssen. Ich bin hier noch vor 9 Uhr morgens aufgekreuzt und schon leuchtete mir die Warteliste entgegen. Ich habe das Haus mit meiner Liebsten zusammen verlassen, sie macht jetzt einen Deutschkurs an der Volkshochschule Lichtenberg. Ist wohl eine sehr gemischte Truppe, Vietnamesen, Russen, Koreaner, Ägypter, Venezuelaner. Es gefällt ihr gut, sie hat ja schon in C einen kleinen Kurs gemacht, da hat sie jetzt Vorteile. Zwei Vietnamesinnen haben wohl schon wieder aufgegeben, denn sie kamen ohne jegliche Vorkenntnisse und die Lehrerin spricht natürlich nur Deutsch (wie auch sonst) und erklärt maximal mal was in Englisch oder Spanisch.

S hat sich mit ihrem Freund nach Nigeria davongemacht, um seine Eltern zu besuchen. Sie wird die Wärme genießen, denn ihr Zimmer ist ein Eisschrank, denn obwohl ich und inzwischen sogar V ihr bereits 7 bis 8 mal erklärt haben wie man heizt, hat sie es noch nicht zustande gebracht, den Ofen warmzukriegen. Lustige Geschichten fallen mir ein, aber ich will hier nicht zu gehässig sein und hülle mich deshalb in Schweigen. Ansonsten kommen wir einigermaßen klar. Das Schloß hat Sabrina dann doch noch ausgetauscht, nachdem ihr Freund mit der Stimme der Vernunft zu ihr gesprochen hatte. Die Berliner Zeitung kommt immer noch, ich bin jetzt auch Mitglied des BVG-Clubs und auch V wird demnächst in diese ehrenvollen Reihen eintreten.

Du siehst, es gibt nur Banalitäten zu berichten, keine spektakulären Ereignisse und ich hoffe, daß

Du nicht angesichts dieser Banalitäten vor dem Computer einnickst und den wartenden Studenten den Platz versperrst. Die Ein-Mal-Die-Woche-Regelung für die Computerbenutzung wird hier wohl auch bald eingeführt werden. Es wird Zeit, daß ich diese chaotische Uni hinter mir lasse und tatsächlich habe ich mich entschlossen, mich für das nächste Semester zur Prüfung anzumelden. Was dann kommt, weiß ich zwar auch nicht, aber besser wird es an der Uni auch nicht. Jeden Tag wird es stressiger, Krankenversicherung muß ich jetzt auch bezahlen und Studiengebühren lassen bestimmt auch nicht mehr lange auf sich warten. Und wenn ich hier jeden Tag diese orientierungslosen anonymen Massen sehe wird mir ganz schlecht, besonders wenn ich daran denke, daß ich selber dazugehöre. Gerade höre ich meinen Namen aus dem Mund der allmächtigen Computerverteilerfrau ertönen, werde also zum Tresen hechten und den Computer wechseln. Deshalb Schluß für heute.
Grüße
D

endlich habe ich einen internet-club gefunden(red fog) und ich dachte, mein probl. waere geloest. leider kann man dort so gut wie nie mailen, deshalbsitze ich mal wieder hier im business center und die zeit laeuft davon. deshalb komme ich gleich zur sache. hast du schon einen hochzeitstermin? unser visum wird nicht verlaengert, d.h. wir kommen ende jan. zurueck. ich versuche allerdings, im febr. mein praktikum in moskau zu machen, das waere jetzt die beste gelegenheit. falls ich im febr. komme, werde ich wohl bei S wohnen, weil mein zi. vermietet ist. wahrscheinlich gehe ich sogar fuer 2 monate nach ka. weil ich dort besser arbeiten kann.

ich habe mich immer noch nicht entschieden, ob ich weiterstudiere oder nicht. st. petersb. gefaellt mir alldings immer besser. heute gehen wir endlich mal in einen club, die bisherigen erlebnisse nachts waren eher bescheiden.

was hier so an musik lauft, ist ohne worte. da kann man wirklich gute laune haben, wenn man die musik hoert, ist es vorbei damit.

deine story habe ich z.teil gelesen, aber ein richtiges urteil kann ich mir nicht bilden, weil ich es natuerlich aus zeitlichen gruenden nur ueberflogen habe. der anfang war jedenfalls sehr amuesant.

ist s laenger in afrika?

redest du mit v schon deutsch?

naechsten mi. habe ich eine std. internet in der uni ergattert.

melde dich bitte vorher mal

gruss an v

w

W.

Ich bin also gestern wieder angekommen, V hat mich in Tegel abgeholt. Ich habe ihr einige brasilianische Sachen mitgebracht unter anderem einen Bacalhau, eine portugiesisch-brasilianische Fischspezialität, die sie allerdings aus Norwegen importieren. Von dort kommt er getrocknet und gesalzen in den warmen Süden. V kocht ihn gerade in Cocossoße. In Norwegen wird er glaube ich nur hergestellt und nicht gegessen, müßt ihr mal H fragen, der kennt das bestimmt.

Ich habe in meiner Urlaubswoche auch viel Fisch gegessen, leckere Sachen gibt es da, viel mehr als in Brasilien. Dort habe ich im Amazonasgebiet viel Süßwasserfisch gesehen, sonst eher weniger. Am Strand kann man natürlich auch dort immer einen gegrillten Fisch bekommen.

Die Algarve ist sehr schön und es herrschten sehr angenehme Temperaturen. Ich habe mir wieder ein Auto gemietet und bin viel umhergefahren. Meist bin ich aber im Süden geblieben, die Straßen sind nicht sehr ausgebaut und teils sehr kurvenreich, so daß ich für einen Ausflug nach Lissabon so lange brauchte, daß sich der Aufenthalt dort schon gar nicht mehr lohnte, obwohl ich ein Stück auf der übrigens nicht sehr preiswerten Autobahn gefahren bin.

Am Kap von São Vicente genoß ich die wunderbare Aussicht auf die Felsformationen. In Silves, Tavira und anderen kleinen Städtchen schlenderte ich über die Burgen, Festungen und Schlösser, die meist von den Mauren erbaut und später von den Katholiken weitergenutzt und teilweise umgebaut wurden.

Am Strand von Faro, der nur über eine schmale Landzunge zu erreichen ist, ließ ich mir den Wind ins Gesicht blasen, wenn es um die Mittagszeit zu warm war, um umherzulaufen.

Vieles erinnerte an Brasilien und ich muß noch einmal mit V dorthinfahren, was ja diesmal leider nicht ging.

Am 17. wollen wir eventuell nach Prag fahren. Das Santana-Konzert ist am 28.?

Beste Grüße

D

D.

danke für deine email, aber ich bin nicht mehr beim meinem Bruder und ich habe keinen PC zu Hause. So komme ich nur ab und zu hierher, um ihn zu besuchen und nach meiner Post zu schauen. Nun, ich bin also noch in Palma, ich arbeite aber nicht mehr richtig, weil die Saison vorbei ist, eher sporadisch, aber ich habe noch ein paar Dinge zu erledigen. Wenn nichts außergewöhnliches passiert, bin ich wieder in Berlin so gegen Anfang Dezember. Ich würde mich natürlich sehr über einen Treffen freuen. Also ich hoffe, es klappt bald. H hat mächtige Probleme, mit der Liebe und der Gesundheit, ich hoffe, er hat alles unter Kontrolle. Jetzt warte ich auf Post von ihm. M ist wirklich wunderschön und sehr interessant, und das Wetter ist noch erstaunlich gut, fast sommerlich noch. Natürlich ist die Luft schon kühler aber unter der Sonne ist es noch ziemlich warm. Alle meinen, das ist etwas außergewöhnlich für die Zeit. So mir geht es so weit gut, bin leider sehr einsam, aber es nimmt viel Zeit bis man Freundschaften macht. Die Leute hier sind auch teilweise sehr verschlossen, vor allem die Mallorquiner. Du kannst, wenn Du willst, mir noch mal hierher schreiben. Keine Zeit, life is fast. Eben noch im Hörsaal heute schon arbeitlos, vorübergehend, und auf der Jagd nach tausend komischen Bescheinigungen, Nachweisen, Zeugnissen, VL-Belegen, KKK-Bitches, PVK-Mist brah, brah, brah... Als Student hat man's eigentlich verdammt gut. Anyway, für's bestandene Examen belohne ich mich mit 3 Wochen Cuba-Adventure, M ist dabei, "Martin-Air" bringt uns hin und sicher vor'm Wirksamwerden des Y2K-Bugs am 20.12. wieder nach Amsterdam. Wir haben es uns verdient. Und dann ziehe ich noch irgendwann um, ich dachte so an die Woche vor Weihnachten oder die darauf folgende.

Nach Jena, was dann im nächsten Jahrtausend auch zu feiern wäre. Aber ein Termin steht schon: 23.12. E untern Tisch saufen. Ach, ich bin ganz wirr, fast manisch und - etwas übernächtigt. Aber nächstes Jahrtausend beginnt "der Ernst des Leben" und "man ist nur einmal jung" und wasses noch alles an tollen Sprüchen gibt - deshalb gehe ich heute noch Cocktails schlürfen und ordentlich abrocken - das "Cafe Glocksee" bürgt eigentlich recht zuverlässig für Qualität. Wsretimsa pod stolom. hat lange gedauert, bis ich mal antworte, aber jetzt. Hoffe, es geht Euch beiden gut, und deine Freundin hat sich an die Besonderheiten des deutschen Lebens, des Wetters, der Leute u.a. gewoehnt, und nicht zuviel Heimweh. Was ist hier passiert. Relativ viel von Kriminalitaet hoert man jetzt im Fernsehen, dauernd wird in C jemand erschossen oder erstochen. Es ist auch ziemlich heiss und unertraeglich geworden. Weihnachten verbringe ich in D- Land. Habe mit J Kontakt aufgenommen und es gibt die Idee, Silvester gemeinsam zu verbringen. Wollt Ihr auch mitmachen, ich denke J wird sich mit dir in Verbindung setzen. Ansonsten, lass mal von dir hoeren

Bis denn,

Gruesse

W

W!

Vielen Dank für Euren Brief, der uns heute erreicht hat. Meine Übungswerkstätten sind heute auch geschlossen und wir mußten Urlaub nehmen, V muß aber leider arbeiten. Ich war schon ein bißchen draußen, das Wetter ist wunderbar. Gestern haben wir uns auf den Balkon gesetzt und die Füße hochgelegt, der Wismarplatz unter unserem Fenster ist wieder schön grün, sie haben ihn gerade etwas umgestaltet und wir haben einen noch schöneren Blick.

Den Drucker kaufe ich, etwas brauchbares wird wohl so um die 100 € kosten. Demnächst wird es keine Drucker mehr geben, die noch unter Eurem Betriebssystem Windows 95 laufen, außerdem gibt es die meisten nur noch mit einem USB-Anschluß, während euer Computer nur einen Parallelanschluß hat. Aber im Moment ist noch etwas passendes zu bekommen. Wir bringen ihn dann mit nach R.

M scheint ja wirklich ein großer Hertha - Fan zu sein, wenn er sich sogar die Amateure bei den Rathenower Hobby-Kickern anguckt. Seine ehemalige Mannschaft ist ja jetzt Meister, da hätte er bestimmt eine bessere Stimmung erleben können.

Dann viel Spaß in Bayern bzw. in Potsdam. Wir fahren wenn alles klappt nach Prag, B rufe ich noch an wegen der Pension.

Sind V Taschen von der GEO schon angekommen?

Beste Grüße und alles Gute

D

hallo,

ha, ich hab gerade zufaellig nen platz im pc-saal ergattert, obwohl ich garnicht reserviert hatte.

alles klar in berlin. ich sag dir, hier ist so ein piss-wetter, da haette ich auch zuhause bleiben koennen. circa 7 grad und regen, viel zu warm. wenns hier mal schneit, so wie man das aus den russischen filmen kennt, schmilzt die ganze sosse doch im naechseten moment wieder weg.

zuerst das wichtigste. ich habe mir schon gedacht, dass euch das eine zimmer auf dauer zu eng wird. ehrlich gesagt, will ich auch nicht unbedingt in der wohnung bleiben. ich will wieder unbedingt in den prenzelberg! falls ich dort eine groessere wohnung ergattern koennt, waere ich sofort dabei. das wird natuerlich sehr schwer.

was machen wir mit unserer laestigen wohnung im russischen viertel an der karl-marx? gute frage. sabrina hat mein zim. bis zum 31.03. gemietet. hat sie eventuell interesse, die ganze wohnung zu mieten?

auf jeden fall moechte ich zum 31.03. kuendigen. wir oder ich(falls du schon vorher ausziehst) muessen ja 3 monate vorher kuendigen, d.h. im jan. muesste die kuendig. erfolgen. dummerweise bin ich da noch hier, also in st. peter. komplizierte angelegenheit.

reicht es, wenn du die whg. alleine kuendigst oder muessen beide hauptmieter kuendigen?

falls du wegen der nebenkosten noch geld bekommst, nur keine hemmungen, musst du mir nur sagen. die abrechn. wird wohl aber erst naechstes jahr kommen.

ich werde wohl tatsaechlich anfang maerz kommen. heute habe ich manfred wg. dem praktikum angerufen. ich soll mich gleich an einen typ in moskau wenden, d.h. hoffentlich, das die sache klar geht.

ein einziger bekannter kommt uebrigens zu uns nach st. peter., der bringt allerdings 3 freunde mit, wir sind also nicht ganz alleine.

die freunde von s haben leider alle abgesagt, ca. 1000 dm in einer woche ist ihnen zu teuer. die haben uebrigens eine stinkwut, weil sie 2mal beim konsulat waren und wieder heimgeschickt wurden. obwohl ich ihnen 20mal gesagt hatte, dass sie eine einladung brauchen, dachten sie, es reicht, zum russ. konsulat zu gehen, freundlich zu grinsen und einen auf igor zu machen, und schon hat man das visum in der hand.

meine freunde, so einfach funktioniert das nicht.

von c habe ich auch nichts mehr gehoert, aber ich glaube kaum dass sie kommt. bei ihrer letzten mail fragte sie genauso, ob man denn fuer russland ein visum braucht. hoert man mir denn niemals zu?

gerade habe ich den ersten brief in russisch erhalten von t aus irkutsk.ich habe ihr gestern 2 zeilen in russisch geschrieben, was ungefaehr eine halbe std. gedauert hat, natuerlich wg. den bdjfekruivj...

inzwischen finde ich internet garnicht so schlecht. sogar mein ksc hat seine eigene hompage, die news sind aber nicht sehr erheiternd. seit enden september nicht mehr gewonnen und auf den 2.letzten platz abgestuerzt.(der 2.liga,versteht sich). mein gott, was ist denn da los im heimatlaendle?

endlich haben wir hier 2 gute clubs entdeckt. am sa. habe ich doch sage und schreibe das erste mal getanzt.

weihnachten duerfte komisch werden, weil die russen erst am 06.01 feiern, und dann auch nicht so gross.

gestern waren wir im theater, ostrofskis wald oder holz, falls dir das was sagt. obwohl ich das stueck vorher auf russ. gelesen habe, habe ich so wenig verstanden, dass ich zur halbzeit gegangen bin. die quatschen echt noch zu schnell.

machen das die brasilianer auch.

falls ich post von der fhw habe, bitte oeffnen.

bist du faehig, meine kindliche unterschrift nach-zuahmen? (wg. rueckmeldung und event. kuend. der wohnung) lass mich hier nicht haengen unter all diesen ruskis und melde dich bald.

gruss an v

w

Hallo W!

Unser Computer ist gerade aus der Reparatur gekommen, der Prozessor war kaputt, zum Glück hatten wir noch Garantie auf dem Rechner. Jetzt kann die E-Mail-Schreiberei weitergehen.

Du müßtest ja wieder aus Brasilien zurück sein, sicher war es sehr schön, besonders C wiederzutreffen. Wir haben für September eine Brasilienfahrt geplant. V freut sich schon darauf, ihre Heimat wieder zu betreten und die Familie zu sehen.

Am Pfingstwochenende waren wir in München, haben noch einen Tag Urlaub dazugenommen, um das dort ansässige etwas kauzige Bergvölkchen zu besuchen. Die Stadt macht einen wesentlich gemütlicheren Eindruck als Berlin, was allerdings auch nicht allzu schwierig ist. Die Innenstadt ist sehr schön und die Einheimischen waren mir sehr sympathisch, schon dadurch, daß sie Bier aus überdimensionalen Humpen trinken und Laugenbrezeln von denen bequem zwei Personen satt werden könnten als Beilage zur Schweinshaxn vertilgen. Dementsprechend gemütlich war es in den Biergärten, die man an jeder Ecke findet. Im englischen Garten haben wir schöne Spaziergänge gemacht, genauso wie im Olympiapark, wo wir den Turm bestiegen und das Stadion besichtigt haben. Letzteres wirkt immer noch modern, obwohl es ja bereits 30 Jahre alt ist. Vom olympischen Dorf kann man das allerdings nicht sagen.

In der Nacht zum Sonntag hat es dann mächtig gestürmt, zum Glück waren wir schon im Hotel. Am nächsten Tag war das Wetter auch nicht besonders, aber immerhin trocken. So haben wir uns die Residenz, das Stadtschloß der lokalen Herrscher angesehen, wo es neben deren Gemächern auch eine Sammlung ägyptischer Kunst und ein Theater gibt.

Insgesamt sehr lohnend, auch wenn wir eigentlich nach Prag fahren wollten, mir aber zu spät eingefallen war, daß V dort ein Visum brauchen könnte, eine Vermutung die sich nach einem Anruf beim Konsulat bestätigte. Vielleicht demnächst.
Bis bald, liebe Grüße
D

Lieber D !

Nun ist es ja also soweit, und ich freue mich, dass ihr es bald packen wollt. Ich bin ja nur zu gespannt, was du anziehen willst!!!

Ich konnte inzwischen klaeren, dass ich tatsaechlich kommen kann, denn es laesst sich fuer mich optimal combinieren mit einem Termin der BSK am 0801 und einer Erhebung ab Berlin am 1001 um 9h, wo ich also eh haette tagszuvor anreisen muessen.

Vom 05-10 sind es allerdings 5Nächte in Berlin, und das will schon geplant sein. Auf jeden Fall brauche ich praezisere Informationen, wo genau man am 0601 um 10h (c.t./s.t.?) hinkommen soll und wie der Tag dann weitergeht: Vermutlich gehst du in irgendein Seminar, derweil V Kinder huetet und ich mit deinen Eltern essen gehe...

Ich habe also bereits bei verschiedenen potentiellen Quartiergebern angefragt und Zusagen erhalten, die allerdings noch darauf warten, wie ich mich genau verteilen will, wozu ich eben von euch wissen muesste, was geplant ist.

Ebenfalls frage ich an, was für ein Geschenk ambesten passt. Immerhin ist der Haushalt ja etwas desolat, so dass quasi wieder die altverrufenen Hochzeitsgeschenke hervorgeholt werden koennen. Doch selbst dann braucht man nicht 4 Toaster oder Bettbezuege, die eh ambesten die Gattin selber mitauswaehlt. Neulich fehlte eine Kaffeemaschine, aber womoeglich hatten schon 3 andere dieselbe Idee, oder ist Vs Winterbekleidung nicht wichtiger.... SAGT ES MIR !!

In diesem Sinne grueszt herzlich euer W

Hallo,

zwei Wochen sind wirklich kurz für Brasilien, aber wenn C schon im August über den Teich kommt, ist das nächste Treffen schon in naher Aussicht. Wir haben uns für den September/Oktober 4 Wochen vorgenommen. V hat ihre Probezeit gerade überstanden und hat nun erstmal bis Ende des Jahres den Job relativ sicher. Bei mir machen sie immer Zusagen für drei Monate, weil sich keiner im Senat auf eine langfristige Finanzierung von unserem Projekt festlegen will. Aber wird schon.

Beinahe hätten wir uns Weißwurst bestellt, haben aber am Nachbartisch gesehen, daß das Essen dieser Spezialität chirurgische Geschicklichkeit erfordert und haben uns doch für die Schweinshaxe entschieden. Es war auch schon Mittagszeit, stilecht wäre es also sowieso nicht geworden.

Morgen gehen wir zu Lenny Cravitz, am Dienstag ich mit meinem Papa zu Santana, beides in der Waldbühne, hoffentlich regnet es nicht.

Bis bald

D

Ola Ihr beiden
jetzt habe ich's endlich geschafft, mal zu antworten. War zu schön in Bras. und zu kurz, 2 Wochen ist wirklich wenig, na, aber im August kommt Gegenbesuch, da ist es nicht so lang hin. Ist wirklich amüsant deine Reisebeschreibung zu lesen. Aber das wichtigste aus München, wie ich sehe, habt ihr nicht mitgekriegt: nämlich eine Weißwurscht und einen ausgewachsenen Leberkäs zu essen, zum Frühstück versteht sich. Also das müßt ihr nachholen. Berlin ist wirklich ein Jammerloch verglichen mit dem bayrischen Zentrum. Und sonst hoffe alles is im grienen Bereich. Natürlich seid ihr eingeladen herzukommen. Vielleicht ein verlängertes Wochenende wenn's wärmer ist. Der Strand ist nah, das Wasser schön klar, bloß noch zu kalt. Seid gegrüßt
W

Moinmoin,

jetzt da die WM angefangen hat, nehme ich an, daß Du erst mal nicht nach Berlin kommen wirst, sondern Dir gerade den Fernseher ausgerichtet und unerschöpfliche Chips- und Biervorräte neben dem Sessel gelagert hast, um das Haus nicht verlassen zu müssen. Solltest Du zwischendurch wider Erwarten doch in Berlin auftauchen, laß es mich wissen.

Letzten Dienstag war ich mit meinem Papa bei Santana in der Waldbühne. Er hat einen auf Valor gemacht, Nostradamus und die Bibel zitiert um zu begründen, daß wir in einem entscheidenden Zeitalter leben, Humanität steht dem Bösen gegenüber usw. Auch vergaß er nicht mehrmals zu betonen, daß dieser Kampf zwar mit Glauben, aber nicht mit Religion zu entschieden werden würde. C Death scheinen sich letztens in Mexiko herumgetrieben zu haben.

Das Konzert war nicht schlecht, auf der letzten Platte hat er ein paar richtig gute Songs drauf, die auch die manchmal etwas übertriebene Ausdehnung durch verschiedenste Soli aushalten. Allerdings war mir Lenny Cravitz, den wir am Wochenende zuvor gesehen haben fast sympathischer: Minimalbesetzung und -ausstattung, dafür richtig ehrliche Rockmusik.

Patti Smith ist demnächst auch in der Stadt, allerdings hat sich der Eintrittspreis seit wir sie mal gesehen haben mehr als verdoppelt.

Heute ist hier schönes Wetter, wir haben schon einen Spaziergang unter den Linden gemacht und uns eine interessante Ausstellung über die Hexenverfolgung im Historischen Museum angesehen. Jetzt trinken wir noch ein Bier auf unserem Balkon und beobachten das bunte Treiben auf der Straße, auf dem Boxhagener Platz ist nämlich Flohmarkt und man sieht Studenten, die sich ihre Wohnung mit 70er-Jahre-Utensilien einrichten und sich nach erfolgreichem Einkauf in den zahlreichen Kneipen zum Brunch-Buffet versammeln.

Beste Grüße

D

Ihr lieben Zwei,

auf diesem Weg wünschen wir Euch ein schönes Wochenende, denn ans Telefon bekommt man Euch ja nicht.

Nun ist Deine Voraussage Wirklichkeit geworden , liebe V, Endspiel: Brasilien - Deutschland! Wer hätte das sonst gedacht? U tippt 3:0 für Brasilien. Uns geht es nach unserer schönen Urlaubswoche gut. Gs Kita-Kinder haben sich gefreut, daß Sie nicht mehr in andere Gruppen mußten. Am Dienstag war Sportfest am Schwedendamm und am Mittwoch startete eine Kutschfahrt. Morgen feiern wir alle Drei den 60. Geburtstag eines Tennisfreundes in seinem Garten am Weinberg.

Unser Block wird erst 2008 oder 2009 abgerissen. Da haben wir noch ein wenig Zeit mit dem Umzug. Bis 2015 soll dann östlich der Schule kein Haus mehr stehen. Wir haben für den Umzug den Herbst 2004 vorgesehen. Hoffentlich bekommen wir eine schöne preiswerte 3- Zimmerwohnung mit Bad und Balkon.

Ab 15. Juli ist Schließzeit in der Kita und wir wollen dann wirklich mal durch den Grunewald mit dem Rad starten. Schön wäre se ja mit Euch!

Wir hoffen, daß es Euch gut geht und senden herzliche Grüße!

W

Moin,

wir haben das Spiel gemütlich zuhause gesehen. G wollte eigentlich vorbeikommen, aber ihm ist dann wohl doch noch eingefallen, daß er es nicht ertragen könnte, mit jemandem vor dem Fernseher zu sitzen, der enthusiastisch für Brasilien brüllt. Um seinen preußischen Patriotismus nicht zu sehr in den Vordergrund zu kehren, entschuldigte er sich mit leiblichem Unwohlsein. So hat wenigstens das Bier gereicht. V hat Olli Kahn erfolgreich mit einem brasilianischen Voodoo - Zauber belegt. Das Ergebnis kennst Du ja. Anschließend sind wir in den Mehringhof gegangen, wo jetzt im ehemaligen "Ex"-da waren wir auch schonmal - eine brasilianische Kneipe residiert. Wie Du Dir vorstellen kannst, waren Hof und Kneipe ganz gut gefüllt und es herrschte nicht die schlechteste Stimmung.

Freut mich ja, daß Euer Konzert erfolgreich verlaufen ist. Wann spielt Ihr denn mal abends?

V sieht sich übrigens gerade die Ankunft der deutschen Mannschaft im Fernsehen an und singt: „Es gibt nur einen Rudi Völler...". Leider muß ich sie gleich unterbrechen und die gestern aufgezeichnete Folge der Lindenstraße anmachen.

Eine Umorganisation des Klassentreffens halte ich für dringend angebracht. Allerdings scheint mir der Verantwortliche meine ausführlich schriftlich eingereichten Gegenargumente nicht gebührend zu würdigen. Aber wenn Du mit ihm in Kontakt trittst, wird er sicherlich ein Einsehen haben.

Bis denne

D

Guten Abend,

Herzlichen Glückwunsch zum Gewinn der Fußball-WM. Da ist die Welt ja noch mal knapp an einer Katastrophe vorbeigeschlittert. Ich habe das Finale im BC verfolgt. Die meisten haben dort leider den fußballerisch glanzlosen Außenseitern die Daumen gedrückt, mußten aber doch anschließend einsehen, daß selbst Rang 2 am Ende doch sehr schmeichelhaft erscheint.

Ein kurzer Hinweis: Moralischer Weltmeister ist Italien!!!!!!!!!!

Unser erstes Konzert lief ganz gut. Die Leute hielten zwar so zehn Meter Abstand von der Bühne, liefen aber nicht weg. Die Uhrzeit war allerdings scheiße und das Wetter spielte auch nicht mit (kein Regen). Der Bass war auch kaum zu hören, hab' ich mir sagen lassen.

Ein Klassentreffen muß selbstverständlich in R stattfinden. Ich werde der verantwortlichen Person eine Mail zukommen lassen.

Ein kurzer Hinweis: Moralischer Weltmeister ist Italien!!!!!!!!!!

Gute Nacht,

W

Auch wenn Semlin, wie Du andeutest, inzwischen zum Rathenower Stadtgebiet gehören sollte, bin ich schon aus Bequemlichkeitsgründen mit C einer Meinung. Spaatz als Austragungsort würde ich ja noch einsehen, wenn das ganze auf Schmückis Kartoffelfarm stattfinden könnte. Lecker essen muß zu so einem Treffen nicht unbedingt sein, Hauptsache Getränke und Musik sind vorhanden. Man könnte zum Beispiel Cs neue Band engagieren, die letzte Woche auf der Sommerfete der Volkshochschule Charlottenburg mit Bravour ihren ersten Auftritt absolviert hat, auch wenn C sich in seiner unberechtigten Bescheidenheit sicher etwas zieren wird, ließe sich das bestimmt organisieren.

Wann kommt Ihr denn mal nach Berlin?

Auch F hat sich gemeldet und mitgeteilt, daß er mit einer Rathenower Location besser leben könnte. Ein Widerspruch diese Forderung, da die Auswirkungen der Gemeindegebietsreform völlig außeracht gelassen werden. Aber macht ja nichts. Ich denke ihr habt am Sonntag ordentlich gefeiert ("Penta"), oder?

Bis denn

D

Hallo D,

wir haben am Sonntag den Zug doch noch erwischt. War Maßarbeit . Die U-Bahn kam ziemlich schnell und wir waren 4 Minuten vor Abfahrt auf dem Bahnsteig.

In der Berliner Zeitung las ich, daß David Bowie am 22.9. in die Max-Schmeling-Halle kommt. Schade, daß Ihr zu diesem Zeitpunkt in Brasilien seid. Ich hätte Dir lieber D gern eine Karte spendiert, oder mag V auch seine Musik? U war wenigstens happy und so fahre ich mit ihm nach Berlin. Auch über das Buch die Biographie Bowies hat er sich sehr gefreut. Es macht wirklich Spaß jemandem eine kleine Freude zu bereiten. Es ist das einzige Konzert und wir haben nur noch Stehplätze.

Da wir am 29.8. uns die Animals in der Hohennauener Kirche anhören und wir im Oktober einmal mit T zum Bundesligaspiel Hertha gegen Bayer Leverkusen fahren, ist der Kulturfonds jetzt arg strapaziert.

Am Sonntag waren wir noch auf dem Tennisplatz .Es war wie immer ganz lustig.

Gestern und heute regnet es den ganzen Tag . Ich muß nachher noch zur Leitungssitzung worauf ich mich besonders freue (haha) und werde wohl zum zigsten male naß werden.

Die Bilder im Fernsehen aus Tschechien, Österreich, Bayern und Sachsen sind ja schlimm und die vielen Menschen, die Ihre Wohnung oder ihre Existenz dadurch verlieren tun mir leid. Die Versicherungen zahlen ja ohnehin kaum. Wir freuen uns auf den 24. Vielleicht fällt euch doch noch etwas wegen des Geburtstagsgeschenks ein.

Laßt euch die Arbeitswoche nicht so schwer fallen und bleibt schön gesund!

W

Hallo W!

Heute waren wir mal wieder am Müggelsee, wenn mal einer der raren Sonnentage auf das Wochenende fällt, muß man das schließlich ausnutzen. Wir haben uns erst ein Kanu ausgeliehen, aber nachdem wir mehrmals fast gekentert waren, ist mir noch die Holzbank unter dem Hintern zusammengebrochen. Da waren wir noch nicht mal hundert Meter von der Ausleihstation entfernt, wohin wir dann auch zurückkehrten und uns für den Wechsel auf einen unfallsicheren Wassertreter entschieden. V ist dann vom Boot aus baden gegangen und hat Muscheln gesammelt, um sie an einer anderen Stelle wieder auszusetzen.

Am nächsten Wochenende werden wir mal nach Lübeck reisen und auf dem Weg vielleicht einen kleinen Stadtbummel in Hamburg machen. Hoffentlich bleibt das Wetter jetzt eine Weile so. Das Wochenende danach gehen wir zum Open-Air zu Patti Smith. Sie spielt beim Festival auf der Museumsinsel, da haben wir uns letztens schon Gilberto Gil angesehen. Der hat allerdings nicht seine brasilianischen Klassiker zum besten gegeben, sondern größtenteils Bob Marley nachgespielt, von dem ich nicht so ein großer Fan bin.

Seid ihr unterwegs, oder bleibt ihr diesmal in D?

Beste Grüße

D

Hallo W!

V beginnt langsam die Koffer ein- und wieder um-
zupacken und kauft Geschenke für ihre Familie,
obwohl wir eigentlich ausgemacht hatten, diesmal
alles in Brasilien zu kaufen und so unser Reisege-
päck etwas zu entlasten. Einen kleinen Fernseher
müssen wir wohl auch re-exportieren, V hatte ihn
als Relikt ihrer Wohnungsauflösung in Brasilien
mit nach Berlin gebracht, dann aber festgestellt,
daß er unter dem deutschen Fernsehsystem nicht
funktioniert. So werden wir wohl unsere 20 Kilo
Fluggepäck wieder ausnutzen. Ich beobachte das
Ganze gelassen und freue mich an ihrer Vorfreude
mit.

Wir planen ins Pantanal zu reisen, vielleicht auch
nach Fernando Noronia. Eine gute Weile müssen
wir natürlich in C zubringen, die Familie fordert
ihren Tribut. In C wird sicherlich im September
nichts lossein, Festival do Inverno und Sao Joao
sind vorbei. Da werde ich vielleicht auch mal alleine
wegfahren, wenn Vs Familie sie nicht wegläßt.

Bis dahin werden wir noch fleißig arbeiten, es rollen
jetzt die neuen Teilnehmer für unsere Berufsorien-
tierung an, auf die ich mich einstellen muß. Vielleicht kann ich ja am Ende des Projekt aus den
Ergebnissen eine Promotion basteln und mir so die
Chance eröffnen, mal eine Zeit an der Uni in C zu
verbringen.

Das Wochenende in Lübeck war sehr schön. Wir
haben in der Nähe des Holstentors gewohnt und zu
Fuß die Innenstadt mit den schönen Bürgerhäu-
sern und Salzspeichern erkundet. In den Kirchen
mit Orgeln berühmter Handwerkskünstler fand
gerade ein internationales Organistenfestival statt.
So lauschten wir disharmonischen Klängen eines
russischen Musikers in einer eher auf Harmonie

angelegten Umgebung. Leicht-harmonische Musik gab es dann abends auf dem Stadtfest zu hören, auch wenn mir die Umgebung mit den illustren Gestalten, die sich zu solchen Anlässen gerne versammeln weniger harmonisch erschien.

Hier überrollen die Flutwellen ganze Landstriche, man kann sich das kaum vorstellen. Sonst hat man mal Bilder von Bangladesh gesehen oder auch von Brasilien, aber das war immer weit weg. Jetzt haben uns die Naturkatastrophen also eingeholt. Ich hoffe, D ist davon verschont geblieben und Dir geht es gut.

Beste Grüße

D

Hallo D,

heute sende ich dir ein paar Dialoge / Monologe:

P: Honig wird von Bienen gemacht.

Papa: Ja.

P: Bringen die den hin zu den Menschen?

Papa: Nein, den holen sie sich. Sie machen das Bienenhaus auf und nehmen ihn raus.

P: Die Bienen machen das Haus auf?

Papa: Nein, die Menschen.

P: Aber für die ist doch der Eingang viel zu klein!

P probiert in seinem neuen CD-Player die verschiedensten CDs aus. Schließlich legt er eine Mozart-CD ein, auf deren Cover der Dirigent mit seinem Taktstock in der Hand zu sehen ist. Nach den ersten Takten nimmt er kopfschüttelnd die CD wieder heraus:

"Ein bisschen cooler sollte es schon sein. Es zieht nur an einem Stock, deshalb ist die Musik nicht so cool geworden."

Der Arzt hat da ein Foto gemacht von meinem Fuß. Ich hab den Fuß auf eine Platte gestellt, dann hat er von der Decke den Fotoapparat so runtergezogen und gesagt: Jetzt schön stillhalten. Und dann habe ich gelächelt, weil das macht man so beim Foto.

Ein Eis-Laden kommt in Sicht.

P: "Oh. Ich muss meinen Mund kühlen."

"Mhm. Was kann ich nur tun?"

Kratzt sich nachdenklich am Kopf.

"Ah! Ich hab's! Ein Eis essen!"

Viele Grüße

W

Moinmoin,

da haben wir also das Klassentreffen erfolgreich hinter uns gebracht. Unsere Unternehmensgeschichte wurde ja dankbar aufgenommen. Die fand ich auch angemessener als die Mitteilung, daß Silke Carstis Namen vergessen hatte. M hatte ja auch mal so einen Trip, jedem sagen zu müssen was er gerade denkt, eigentlich macht er das ja schon immer, aber das auch noch zu einer persönlichen Philosophie zu erheben finde ich doch etwas anmaßend, schon weil man dabei davon ausgeht, daß alles was man so über den anderen denkt es auch wert ist, gesagt zu werden. Und daß der andere das auch wirklich wissen muß ist schließlich auch nicht immer der Fall.

Die Pratajev - Gedichte und besonders die Kriminalgeschichten sind sehr genial. Makarios steht mit seinen Kommentaren voll in der Tradition des wissenschaftlichen Romans, wie wir ihn mit unserem Grimpler - Fragment begründet haben.

Mein Bruder hat mir einen Band von "Feuersteins Reisen" geschenkt. Die eröffnende Widmung lohnt sich hier zu zitieren:

Dieses Buch ist allen jenen gewidmet, denen ich gesagt habe, daß sie darin vorkommen. Ich habe nicht gesagt, daß ich sie beim Namen nennen werde.

Das war jetzt die Stelle, an der sie vorgekommen sind.

Wir wollen dieses Jahr auch mal wieder nach Brasilien - ins Pantanal - reisen. Da soll bis Ende September eine gute Reisezeit sein. Die Regenzeit beginnt erst im November und das Wasser ist soweit zurückgegangen, daß man sich relativ problemlos bewegen kann. Außerdem gibt es nur wenige Wasserstellen, an denen man dann besonders gut Tiere

200

beobachten kann. So haben wir es uns jedenfalls sagen lassen, hoffentlich ist es dieses Jahr auch so. Viel wärmer als hier wird es ja dieses Jahr auch nicht sein. Besonders nachts kann man kaum schlafen, obwohl wir schon immer den Ventilator anhaben. Aber das trägt wahrscheinlich dazu bei, daß man tagsüber noch mehr schwitzt. Mein Büro liegt genauso wie unsere Wohnung genau auf der Südseite und da gibt es nicht mal einen Ventilator. Das ehemalige Kita-Gebäude heizt sich dann auch schnell auf, schon vor der Frühstückspause fühlt man sich dann wie in einer Sauna. Mal sehen wie es uns in Brasilien mit der Wärme so geht, da werden wir dann sehen, ob unsere geminderte Temperaturtoleranz auf fortgeschrittenes Alter und Leibesfülle zurückzuführen ist, oder ob der deutsche Sommer dieses Jahr eine besonders unangenehme Art von Hitze aufzuweisen hatte.

Ich wollte Dich und Deine neue Freundin mal zum Essen und Kneipenbesuch einladen. Eine Geburtstagsparty werde ich wohl nicht mehr machen. Ruf mal an, wenn Du - möglichst am Wochenende - in Berlin bist.

Bis dann

D

Hallo!

Hier noch mal ein paar Zeilen, bevor wir uns nach Brasilien verabschieden.

C hat „Feuersteins Reisen" schon ausgelesen, und sich schon den Nachfolger „Feuersteins Ersatzbuch" gekauft. Jetzt liegen wir - sie mit dem neuen, ich mit dem alten Buch - im Bett und lachen in Etappen.

Von Donnerstag zu Freitag war ich mit der Jugendclub – Besatzung zur Arbeitsbesprechung in Fangschleuse. Das liegt hinter Erkner und ist mit der Regionalbahn erreichbar. Allerdings sind es vom Bahnhof noch 6 Kilometer bis zur Seminarstätte, zum Glück wurden ich uns mein Veranstaltungstechniker D dann aber mit dem Auto abgeholt, nachdem wir den dortigen Chef mit Ss Handy erreicht hatten. Der hat dann den Kollegen, die schon dawaren bescheidgesagt, daß wir am Bahnhof stehen. Die sind zwar auch alle mit Handys ausgerüstet, waren aber nicht erreichbar, weil es dort keinen Handy – Empfang mehr gibt. Wahrscheinlich einer der wenigen Plätze in Deutschland, wo das der Fall ist. Das Fehlen von Klingeltönen war nicht unangenehm, auch sonst war es dort sehr ruhig. Nur eine Familie und ein paar Angler waren noch in der Anlage, die wohl irgendwann mal ein Ferienlager war und immer noch ein bißchen so aussieht. Ab und zu waren mal die in einiger Entfernung vorbeifahrenden Regionalzüge zu hören, ansonsten eine Ruhe, wie man sie in Berlin nie hat. Abends haben wir in der nahegelegenen Zuchtanlage für jeden eine Lachsforelle gekauft, auch die erfolglosen Angler standen in der Reihe und beschafften sich so ihr Abendbrot. Den frischen Fisch haben wir gegrillt, ich brauche glaube ich nicht erwähnen, daß das eine Köstlichkeit war und daß Fisch schwimmen muß ist ja auch bekannt. Alles in allem also ein gelungener Abend in der Wildnis.

Heute wollen wir mal wieder ins Kino und uns ansonsten ein ruhiges Wochenende machen, denn am nächsten Sonnabend geht es in aller Frühe los.

Beste Grüße

W

Moin,

das freut mich ja, daß Ihr wieder zurückseid, auch wenn Eure Koffer nicht angekommen sind. Habt Ihr sie denn in Kanada abgegeben? Ich nehme an. Mein Gepäck ist ja auch mal auf dem Flug von Buenos Aires nach Recife verlorengegangen. Die haben sie mir dann eine Woche später mit dem Taxi nach C gebracht. Leider hatte ich vor meiner Abreise aus der Jugendherberge noch ausgiebig geduscht und mein nasses Handtuch mit in die Tasche geschmissen, was sich leider auf den Zustand und Geruch der Sachen nach einer Woche nicht unbedingt positiv auswirkte. Die brasilianische Fluggesellschaft hat die Sache sehr unbürokratisch gelöst, indem sie meine Tasche einfach einem Taxifahrer mitgegeben hat, der dann vor meiner Studentenwohnung stand. Wenn ich nicht zuhause gewesen wäre hätte der sie wahrscheinlich bei einem Nachbarn abgegeben, der sie mir dann nach einer weiteren Woche überreicht hätte, bei einem zufälligen Treffen auf dem Flur, so nach dem Motto „Ach übrigens da ist was abgegeben worden...". Oder er hätte sie wieder mitgenommen nach Recife oder einfach im Hausflur abgestellt bzw. in die Hausmülltonne gestopft. Mit diesen Zeilen will ich Dir keinesfalls Angst machen, denn ich bin überzeugt, Du bist mit der guten alten Lufthansa geflogen, deren Aufsichtsratsvorsitzender dieses peinliche Mißgeschick ausbügeln wird, indem er Euch Euer Gepäck persönlich zusammen mit einem Blumenstrauß innerhalb der nächsten 12 Stunden überreicht.

V hat dieses Wochenende nach mehrwöchiger gedanklicher Vorbereitung die Koffer gepackt, wobei als eines der diversen logistischen Kriterien auch die Möglichkeit eines Gepäckverlustes eine Rolle spielte. So befinden sich unsere Sachen nicht etwa nach Besitzer getrennt jeweils in einem Koffer bzw.

Tasche, sondern sie sind exakt so gemischt, daß auch im Falle des Verlustes eines Koffers beide Reisenden problemlos eine Woche überbrücken können. Eine Notausrüstung in Form eines Satzes Unterwäsche befindet sich zusätzlich im Handgepäck, falls der Totalverlust des Gepäcks eintreten sollte. Am Sonnabend geht es dann los. Ich hoffe, daß Du Deinen Umzug nach Berlin schon geplant hast und wir nach unserer Wiederkehr Einweihung bei Dir und bei C feiern können.

Bis dann

D

Hallo D,

ich bin jetzt etwas ausgeruhter, auch wenn sich die lange Reise noch bemerkbar macht. Wir sind erst vorgestern Nachmittag angekommen nachdem wir insgesamt fast zwanzig Stunden unterwegs waren. Wir mußten mit dem Bus nach Recife und dann über Lissabon und Brüssel nach Berlin. Auf dem Weg verschwimmt jegliche Vorstellung von Zeit, man ist erschöpft kann aber nicht schlafen, weil man in engen Sitzen eingezwängt ist und andererseits aufgekratzt, in der Unsicherheit, ob alles klappt und in der Wohnung noch alles o.k. ist. Zwar hatten wir uns Sitze am Notausgang geben lassen, wo ein bißchen mehr Beinfreiheit herrscht, trotzdem ist das nicht die wahre Freude. Aber das kennst Du ja alles. Zusätzlich sahen unsere Koffer in Berlin aus, als wenn sie vor der Landung aus dem Flugzeug abgeworfen wurden und der Fallschirm nicht aufgegangen war. So mußten wir noch eine Schadensmeldung aufgeben und haben jetzt noch Rennereien. Aber jetzt will ich mal aufhören zu jammern, schließlich haben wir einen tollen Urlaub hinter uns. C und S haben wir zweimal getroffen. C trägt schon Umstandsmode, obwohl noch nicht viel Bauch zu sehen ist. S plant ihre Beziehung mit Deinem Cousin. Sie will ihr Haus verkaufen, um ihre Schulden abzuzahlen. Die Abende mit den beiden waren wieder sehr lustig und unterhaltsam.

Wir waren genau einen Monat in Brasilien, die erste und die letzte Woche haben wir in C verbracht, dazwischen waren wir zwei Tage in Brasilia und dann im Pantanal. Die Tage dort waren wirklich ein Traum. Wir haben uns in Cuiabá ein Auto gemietet und sind dann die „Transpantaneira" entlanggefahren. Auch eine Bootsfahrt haben wir gemacht, sind aber sonst gut ohne Touristenführer ausgekom-

206

men, denn man mußte nur die Straße, die eigentlich eine Sandpiste ist, entlangfahren und konnte ohne Pause etwas neues entdecken. Die Kaimane lagen wie Ketten um die durch die zu Ende gehende Trockenzeit rar gewordenen Wasserlöcher, Papageien, Tucanos, Tuiuiús, verschiedene Reiher- und Falkenarten standen, flogen und liefen in unvorstellbarer Menge umher, man sah Marder und Nagetiere, die Capivaras. Das alles spielte sich direkt an der kaum befahrenen Straße ab, die irgendwann am Rio Cuiabá ein abruptes Ende findet. Wir haben in einem idyllischen Fazenda-Hotel am Rio Pixaim gewohnt, von der Transpantaneira aus über zwei Kilometer Feldweg zu erreichen. Die Kaimane brauchten angesichts der Trockenzeit nur mit offenem Maul schwimmen, da war der Bauch schon voller Fische, so viele tummelten sich im immer enger werdenden Wasser. Wir Touristen standen glücklicherweise nicht auf ihrer Speisekarte, weder als Futtergeber noch als selbst Aufzufutternde. Man konnte sehr nah an sie herangehen und sie zogen es vor, sich ins Wasser zurückzuziehen, statt Drohgebärden zu zeigen oder gar anzugreifen. Die Touristenführer fütterten zwar bestimmte Arten an, um sie näher an die Touristen ranzuholen, aber auf einer Strecke von fast 200 Kilometern gab es dort so viele Tiere, daß sie sich an diese Fütterungen nicht gewöhnen können. Die vorbeifahrenden Autos sind ihnen vertraut und die meisten lassen sich auch von den aussteigenden Touristen nicht stören. Viele Menschen trifft man nicht, ich schätze mal, am Anfang der Straße sind wir in etwa alle 5 Minuten einem anderen Auto begegnet, am Ende, zum Ufer des Cuiabá hin nur noch jede halbe Stunde, wenn überhaupt. Man sagte uns, im Dezember kehre sich das Land-Wasser–Verhältnis durch die Regenzeit um und die Tiere versammelten

sich aus den wenigen übrig gebliebenen Landflek-
ken. Das ist sicher auch sehenswert, allerdings ist
dann die Straße wahrscheinlich aufgeweicht und
man muß sich vorrangig per Boot fortbewegen.
Bist Du schon im Brasilienfieber?
Beste Grüße
W

Moin.

Drei Monate Urlaub lassen sich leider auch bei uns nicht einrichten, obwohl wir es sicher solange in Brasilien ausgehalten hätten. So eine Expedition verlangt aber Vor- und Nachbereitungszeit, woraus sich die längere Korrespondenzstille erklärt. Immerhin genau einen Monat haben wir nach längeren Debatten mit unseren Arbeitgebern herausschlagen können. Das war ein Zeitraum, in dem es durchaus Momente gibt, in denen man sich richtig angekommen fühlt, aber noch nicht die Rückreise und den wartenden Arbeitsalltag vor Augen hat, was ja bei kürzeren Reisen durchaus zusammentreffen kann. In jedem Fall hat es sich gelohnt, V hat ihre Familie mal wieder gesehen und wir haben eine Privatsafari im Pantanal, Strand, gute Stimmung und gutes Essen genossen.

Dein Krisenbericht mit Flucht in Nachtdienste hört sich ja nicht so gut an. Überstunden von V und zunehmende Dunkelheit lassen die häusliche Stimmung hier zur Zeit auch nicht bis zur Ausgelassenheit steigen, von Krise ist allerdings noch nichts zu spüren, obwohl mir von meinen Arbeitskollegen prophezeit wurde, daß es jetzt nach 4 Jahren Zusammenwohnen bald soweit sein müsse.

Die Goldenen Zitronen kann ich mir auch gut vorstellen. Ich wollte M am 11. zu den Violent Femmes mitnehmen, aber er hat sich in seiner Mail erst mal über die ständig steigenden Konzertpreise ausgelassen, was mich vermuten läßt, daß er im Moment zu solchen Ausgaben nicht bereit ist. Da muß ich ihm allerdings zustimmen. Im Sommer war ich bei Patti Smith, die vor ein paar Jahren noch 40 Mark gekostet hatte, jetzt haben wir 50 Euro für die Karte bezahlt. Das war schon eine Unverschämtheit. War auf der Museumsinsel und es waren mehr Leute draußen als drinnen. Die hatten natürlich überall Sichtbarrieren aufgestellt und sogar die Wiese vor der alten Nationalgalerie abgesperrt, damit sich auch ja keiner gemütlich mit einer Flasche Wein dahinsetzt und sich das Konzert anhört wie ich es noch eine Woche davor mit G und C bei der Göttliche-Komödie-Aufführung von Tangerine Dream getan hatte. Abartig. Die Violent Femmes kosten übrigens 25 Euro, ein Preis unter dem man mittlerweile in kein Konzert mehr reinkommt, mal abgesehen von ein paar Punk- und Freak-Events.

Das freut mich ja, daß E wieder auf dem aufsteigenden Ast ist, vielleicht kannst Du es ja doch am 23. einrichten. Als hervorragende Fachkraft hast Du bei Deinem Chef sicher Verhandlungsspielraum.

Bis bald

D

Lieber D,

na dann habe ich ja nicht viel versäumt, zumal der Zug 20 Minuten Verspätung hatte und ich ziemlich zeitig da war. Keine Zugabe? Na M. Faithfull ist ein sehr selbstbewußte ältere Dame (wie alt?). Ich höre gerade ihre letzte CD und sie gefällt mir nach dem schönen Konzert noch besser. Es waren viele Titel beim Konzert aus dieser. Die Rockmusiker haben bei ihr Schlange gestanden , um wenigstens einen Titel mit ihr zu produzieren und sie war ja mal die Muse von keinem geringeren als M. Jagger und hat mit den Beatles All you need is love gesungen. Es war ein schöner Abend mit Euch . Habt vielen Dank. Doof war nur , daß in der Kneipe gerade das Fußballspiel mit Kaiserslautern lief und Ich mich eine Stunde nicht so auf Euch konzentrieren konnte.

Na nächstes Jahr kann ich mir sie bei Union ansehen!!

Macht's gut . Bleibt gesund!

Herzlichst W

Hallo!

Nun ist meine Wandlitz-Weiterbildung zuende. Wir waren in der Jugendherberge direkt am See untergebracht, wirklich sehr idyllisch. Das Wetter war zwar nicht besonders, aber auch ein Uferspaziergang im Morgennebel hatte was. Leider reichen die Privatgrundstücke bis ans Wasser, weshalb die Bewegungsfreiheit für den Wanderer ziemlich eingeschränkt ist. Auf dem Rückweg von der Kneipe habe ich mir eine Erkältung geholt, dieses Wochenende werde ich wohl zuhause im Bett bleiben und mich von der anstrengenden Woche erholen. Zu Wire bin ich übrigens nicht gegangen, obwohl C mich unbedingt mitnehmen wollte. Am Mittwoch waren wir dann bei Marianne Faithful. Das war wirklich ein großartiges Konzert. Das Metropol war zwar übertrieben vollgestopft und wir haben ganz hinten gestanden, aber auch bis da hat sich die Stimmung ausgebreitet. Sie hat viel von ihrer neuen Platte gespielt; wie ich meine die besten Songs: Es sind auch noch ein paar Sachen drauf, die sie mit Beck gemacht hat und die ich nicht so toll finde. Aber statt denen hat sie dann doch ein paar alte Klassiker gebracht, wenn auch nicht das Lieblingslied von meinem Papa „As Tears go by". Das könnte sie wahrscheinlich auch gar nicht mehr singen, weil Mick Jagger und Keith Richards es 1964 für ihre noch zarte Teenagerstimme geschrieben haben, die sich ja bekanntlich mit Whiskey- und Zigarettenkonsum etwas verändert hat. Auf der Bühne hat sie auch einen Hustenanfall bekommen. Während die Musiker den mit Improvisationen überspielten, spuckte sie das was hochgekommen war in ihr Handtuch und tupfte sich, wieder am Mikrofon, vornehm mit einem Taschentuch die Mundwinkel ab. Die Musiker waren natürlich gut und haben nicht einfach nachgespielt sondern verspielt in

neue wie alte Songs eine neue Stimmung hereinge-
bracht, die den Großteil des Publikums regelrecht
gefesselt hat. Neben uns haben ein paar besoffene
Typen gestanden, die wahrscheinlich zu Zeiten von
Faithfulls ersten Erfolgen Teenies waren. Die sahen
ziemlich nach Schlägereien und Knastaufenthalten
aus. Wenn die mich böse angeguckt hätten, hätte
ich jedenfalls schnell das Weite gesucht. Vom Konzert waren sie aber völlig fasziniert und einer hat an
einigen Stellen mit offenem Mund die Hände in einer Geste von Hilflosigkeit erhoben, so daß er aussah wie ein Riesenbaby. Daß Musik solche Leute zu
einer anderen Regung als zum Mitgrölen veranlassen kann, hat mich schwer beeindruckt.
Ich hoffe, ich werde meine Erkältung am Wochenende los, dann könnten wir uns vielleicht am nächsten Wochenende mal wieder verabreden.
Bis dann
D

Moin.

Gestern also die Violent Femmes. Die Stimmung war erwartungsgemäß gut, die musikalische Darbietung allerdings noch schlechter als ich schon befürchtet hatte. Leider war ich auch nicht in der Stimmung für schlechte Musik mit guter Stimmung.

Dabei hatte alles so schön angefangen: Ich traf mich mit G in seiner neuen Wohnung, die vom Komfort her meiner ehemaligen Wohnung in der Warschauer Straße entspricht, mit dem Vorteil, daß eine Duschkabine in der Küche steht. Eine Pizza lag in der Luft, die er bei einem Telefonat mit einer Freundin, die später zum Konzert mitkam, vergessen hatte. Er erzählte mir, daß er demnächst Papa wird und es ihm bei diesem Gedanken nicht schlecht geht, wir tranken einen Tee und machten uns auf den Weg vom Prenzlauer Berg zur Columbiahalle.

Die Columbiahalle allerdings war verschlossen, eine nette junge Dame teilte uns mit, daß das Konzert ins Maria verlegt worden sei. Diese Tatsache verschaffte uns eine sehr unterhaltsame Fahrt in einem „Shuttlebus", allerdings erst nachdem wir fast eine Stunde gewartet und die ankommenden Konzertbesucher beobachtet hatten, wie sie verunsichert stoppten, noch mal auf ihre Karten schauten, dann an den verschlossenen Toren der Halle horchten, ob das Konzert schon im Gange war und schließlich von einer netten jungen Dame angesprochen wurden, die sie über die Existenz eines Shuttleservice informierte, der sich dann als ein bei Robben und Wientjes gemieteter Neunsitzer-Bus herausstellte.

Dann folgte auch schon der Höhepunkt des Abends. Du hast sicher schon bemerkt wie die moderne Technik und Rationalisierung zur Gleichschaltung des Lebens und der Kultur führt: Ein erbärmliches Englisch wird via Internet „Weltsprache", Kuchen wird industriell produziert und schmeckt auch so, alle Wohnungen werden Ikea (auch meine!), alle Frauen Verona Feldbusch, dank Schönheitschirurgie. So hat auch die elektronische Verwaltung des Verkaufs von Konzertkarten dazu geführt, daß selbige nur noch in einem häßlichen Grün existieren und damit jedwede Individualität verloren haben.

Als wir erwähnte Karten bei der Abreißerin vernichten lassen wollten, wurden wir freundlich zu einem anderthalb Meter entfernten Nebentisch verwiesen, mit der Bemerkung: „Die Karten müssen noch umgetauscht werden.". Ein ansonsten freundlicher junger Herr nahm mit leicht angewidertem Gesichtsausdruck unsere Karten entgegen und händigte uns dafür dezent kolorierte Tickets mit Plattencover-Motiv aus.

Zärtlich trennte die Abreißerin den dafür vorgesehenen Abschnitt von der Karte und wünschte uns einen angenehmen Abend. Welch schallende Ohrfeige im Gesicht der Gleichmacher und Technisierer. Nein, die Karten können nicht umgetauscht werden, sie müssen umgetauscht werden!

Den grünen Automatentickets wird damit jede Existenzberechtigung abgesprochen und das unterstütze ich aufs allernachdrücklichste. Euphorisch betrat ich den Konzertsaal, viele verrückte Leute ließen sich nett beobachten, aber das erschöpfte sich dann bald. Dann fing die Musik an, Gitarrengeschrummel und Trio-Standschlagzeug nervten sehr schnell.

Der einzige der von denen ein bißchen spielen kann ist der Bassist, der aussieht wie ein leicht verfetteter Graciano Rocchigiani. Gs Freundin zog sich mit angeblichem Unwohlsein aus der Affäre, da mußte ich natürlich bis zum Schluß durchhalten, um G nicht alleine dastehen zu lassen. Um das ertragen zu können, führte ich mir einige Fläschchen Holsten zu, was sich heute morgen unangenehm bemerkbar machte, zumal wir später noch in der Tagung ein paar Weizen zu uns nahmen, denn G verträgt kein Pils und was anderes gibt es im Maria nicht.

Was macht das Leben bei Dir?

W

Hallo!

Freitag abend im Friedrichshain hört sich gut an. Da ist Rüdiger also doch wieder in den Osten übergesiedelt. Seine Begründung für den Umzug in den Westen war auch nicht besonders stichhaltig, denn wenn es um die allgemeine Unfreundlichkeit geht, bewegt sich glaube ich ganz Berlin auf einem Niveau weit über Karlsruhe. Kreuzberg wird in dieser Hinsicht inzwischen wohl nur noch vom Wedding und Neuköln überboten. Prächtig entwickelt hat es sich in den letzten Jahren jedenfalls nicht, soweit ich das beurteilen kann, denn allzu oft komme ich ja nicht mehr dorthin. Im Prenzelberg und Friedrichshain herrscht schon eher eine entspannte Atmosphäre, von einzelnen Unfreundlichkeiten natürlich abgesehen. Beim derzeitigen Wetter kommt die allgemeine schlechte Laune wie jedes Jahr um diese Zeit besonders stark zum Tragen...

Den Feuermelder kenne ich natürlich auch, ist wirklich sehr nett und man braucht nicht auf die Bedienung warten, sondern kann sich sein Bier einfach selbst holen. Ich habe den Eindruck, daß die Bedienungen in der Gegend immer langsamer werden, aber ich will mal nicht auch noch anfangen zu meckern.

Deiner Mail entnehme ich, daß Du doch noch in Deinem Praktikum bist, bei unsrem letzten Treffen hatte es sich ja nicht so angehört, um so besser. Bei uns ist auch alles beim alten, V schiebt eine Menge Überstunden, sie bräuchte mal ein paar Tage frei. Es ist ja bald Weihnachten, den Montag davor und den Freitag danach muß sie allerdings auch arbeiten, während ich freihabe und wohl mal mein Promotionsprojekt ausformulieren werde.

Meine Eltern haben wir am Sonntag auch zum Inder in der Wühlischstraße eingeladen, sehr gutes Essen da aber erstaunlich wenig scharf. T ist das sehr entgegengekommen, während ich es eigentlich etwas schärfer mag, aber beim Bestellen Schärfe einzufordern traue ich mich dann doch immer nicht, weil man nie weiß, ob sie es dann nicht gleich übertreiben. Anschließend waren wir noch auf dem Weihnachtsmarkt unter den Linden. Meine Eltern hatten zwar den Spandauer vorgeschlagen, weil sie den aufgrund der Nähe zu R - weniger der räumlichen sondern mehr der Nähe der kleinstädtischen Atmosphäre – so lieben, aber V hat sich verweigert weil sie den Weg dorthin schon jeden Wochentag zurücklegt und die Vorstadt nicht auch noch am Wochenende sehen wollte.

Sag mal bescheid, wann Du vorbeikommst.

Beste Grüße

D

Hallo D,

die Rechnung ist einfach. Wenn man spät anfängt zu arbeiten (15.30), muß man auch mal ein bißchen länger bleiben. Am Wochenende bin ich ziemlich versumpft. Rüdiger ist nach Friedelhein gezogen - in die Gabriel-Max-Str. – und nachdem alle Kartons nach unten und wieder nach oben getragen wurden, ging's rein ins Nachtvergnügen. Rüdigers Belohnung an alle Helfer (das waren circa 3) lautete schlicht und ergreifend, daß er 3 Schnäpse für jeden rausmachen wollte. Das war ein gutes Startkapital für eine lange Nacht. Vom Inder zur Kneipe Feuermelder (sehr nett) am Boxhagener Platz, danach in einen Club in der Sonntagsstrasse und danach noch in einen konspirativen Teknoschuppen hinterm Ostkreuz. Dummerweise war ich am Sonntag mit S und ihren Eltern um 10.00 Uhr zum Bowling verabredet. Da ich erst um 7.00 Uhr heimkam, hatte ich auf dieses Ereignis nicht so große Lust und blieb diesem Treffen fern. Nach dem Krisentreffen am So. Abend ist nun am heutigen Montag wieder alles in Butter. Zum Glück. Danke für deinen Literaturwettbewerbstipp und für deinen Anruf. Diese Woche muß ich etwas kurbeln, da ich letzte Woche aufgrund starker Zahnschmerzen im Grunde nur auf dem Papier her einsatzfähig war. Aber Fr. oder Sa. eignet sich eh am besten für ein Treffen. Wie wär's mit Freitag Abend in Friedelhein. Mittwoch hole ich mir den neuen Tipp und vielleicht gibt's was Nettes. Aber ein oder zwei Bier zu trinken ist ja auch schon mal nicht schlecht, oder? Guck jetzt jeden Tag hier rein und somit bleibt dir noch viel Zeit, mir deine zeitlichen Möglichkeiten mitzuteilen. Samstag wäre wohl auch ok. Wie bei fast jedem Wochenende habe ich am Montag zuvor noch keinen genauen Plan. Das ist nicht schlecht, denn dadurch bin ich spontan verfügbar. Heuten

Abend DSF und St. Pauli gegen meinen KSC. In 45 Minuten geht's los und jetzt gehe ich zu Regina und hoffe auf einen schönen Fußballabend.

Gruß auch an die Frau Gemahlin und melde er sich W

Hallo W,

schade, daß wir uns nicht mehr gesehen haben, bevor Du in Deine Heimat aufgebrochen bist. Vielleicht können wir ja Silvester was zusammen unternehmen. J, der Deutsch-Kolumbianer ist auch in Berlin und der hatte bis jetzt immer sehr animierte Silvesterparties auf Lager.

Am Freitag habe ich mich nicht bei dir gemeldet, weil ich von einer Weihnachtsfeier in die nächste gestürzt bin und erst nachts nachhause kam. Eigentlich war die halbe Woche von Weihnachtsfeiern bestimmt und mein Bedarf ist eigentlich schon gesättigt, bevor das letzte Kalendertürchen aufgebrochen ist. Am Mittwoch haben wir mit unseren Handwerksmeistern, die unsere Jugendlichen fachlich betreuen, die Gläser klingen lassen, am Donnerstag war Weihnachtsfeier mit den Jugendlichen selbst und am Freitag dann nachmittags mit den Sozialarbeitern von meinem Projekt und abends mit denen vom Eastend, wo Du mich letztens besucht hast. Es gab Freibier aus dem Faß, Feuerspucker und -jongleure und eine Bauchtänzerin traten auf, schließlich sollten die eingeladenen Bands noch eine Jam-Session veranstalten, von der ich allerdings nichts mehr mitbekam, weil ich die letzte U-Bahn noch erreichen wollte und mein Faßbier-Spiegel auch schon bedenklich angestiegen war. Nach dieser Woche habe ich eigentlich den gesamten Sonnabend – mit kleineren Unterbrechungen – durchgepennt. Aber insgesamt war die Woche doch sehr unterhaltsam, wenn auch etwas stressig. Da habe ich eine Woche an der Vorbereitung der Weihnachtsfeier für die Jugendlichen gesessen: Tische und Stühle organisiert, Essen und Getränke bestellt, kleine Geschenke besorgt, alles hergerichtet usw. und dann fragt der erste nach fünf Minuten, wann er denn losgehen kann und nach einer halben Stunde hat sich das Ganze aufgelöst. Mit diesem Ergebnis hatte ich allerdings auch gerechnet, schließlich hatte ich die letzte Weihnachtsfeier miterlebt. Die war auch nicht viel besser und deshalb wollte das dieses Jahr auch keiner organisieren. Aber stattfinden lassen wollten sie natürlich trotzdem alle und schließlich bin ich in die Organisatorenrolle hineingerutscht. Aber was soll's. Als Geschenk gab es übrigens für jeden der 100 einen Kalender mit Fotos aus den 12 Werkstätten des Projektes und ein Duschbad, weil im Reinigungsmittelfonds noch zu viel Geld war. Das hatte ich alles vor dem Einmarsch der Massen fein säuberlich auf den Tischen gruppiert. Es wurde zwar alles – wie übrigens auch sämtliche übriggebliebenen Getränkeflaschen – eingepackt, allerdings wohl nicht so richtig wahrgenommen, denn nach einer Weile fragten mich einige, wann denn endlich die Geschenke kämen, sie wollen los...

Morgen geht's dann zum eigentlichen Weihnachtsfest nach R. Das heißt wieder den ganzen Tag Essen vorgesetzt bekommen. Man bewegt sich nur vom Frühstückstisch zum Mittagstisch, der auch als Kaffeetisch dient, und wieder zurück zum Frühstückstisch, der sich inzwischen zum Abendbrottisch gewandelt hat. Wie immer wird V dann das Geschirrabwaschen als einzige Gelegenheit nutzen, um Dauerbefragungen bzw. der Vermittlung von deutschem Kulturwissen zu entkommen. Damit ist ihr ein Lob als „fleißiges Mädchen" sicher und alle sind zufrieden.

V muß auch diese Woche noch arbeiten, nächstes Jahr wollen wir vielleicht mal Weihnachten in Brasilien verbringen, dann komme ich in die Rolle des unfreiwillig im Mittelpunkt stehenden.

Bis demnächst

D

D

Also vielen Dank für den fremdsprachigen Gruß, der ja allein durch die Illustration verständlich war. Beste Grüße und Wünsche, leider ohne Bild, auch zurück an Euch Turteltauben.

Leider treffen wir uns dieses Jahr nicht in R, das hat zwei Erklärungen. Erst die positive: Wir haben in diesem Jahr allen Konflikten ausweichend beschlossen, uns einen Weihnachtsbaum zu kaufen und uns nicht von der Stelle zu rühren. Wer Lust hat soll halt zu Besuch kommen - läuft ganz gut und enorm entspannt für uns. Die weniger positive: Ich muß bis auf den 2. Feiertag täglich auf der Intensivstation vorbei und hab erst ab Sylvester ein paar Tage frei, dann wollen wir mal die Kinder verkaufen und ein romantisches Bergerlebnis zu zweit starten, mal sehen - Oberwiesenthal vielleicht. Weiß wird es da aber laut Vorhersage wohl nicht sicher sein. Wo wirst Du Dich denn betrinken?

War denn irgend jemand bei E? Dem geht's wohl besser, wie er schrieb, hat aus alter Gewohnheit wieder die Schülerqual aufgenommen - 2h täglich. Hoffe nächstes Jahr findet mit ihm statt, er ist sehr optimistisch.

W

Moin,

das war ja ein enttäuschender Besuch in R dieses Jahr. Bei E war keiner, am 24. kam dann immerhin C vorbei. Ich habe dann noch versucht M zu mobilisieren, der aber meinte, es wäre niemand weiter in R und sogar Ü als letzte Bastion in der Heimat habe keine Lust wegzugehen. M wollte dann noch ab Mitternacht in der Brauerei sein, legte aber merklich keinen allzu großen Wert auf ein Treffen mit uns, weshalb wir doch im Bruno-Baum-Ring noch einige Bier und Sambuca vertilgten, bevor C sich auf den Nachhauseweg machte. Der Bruno-Baum-Ring wird übrigens demnächst abgerissen und vielleicht habe ich dort das letzte Mal Weihnachten gefeiert, denn wir überlegen, im nächsten Jahr vielleicht mal über die Feiertage nach Brasilien zu fahren. 2004 werden sich Mama und Papa wohl oder übel eine neue Wohnung suchen müssen, nach 30 Jahren in der jetzigen. Silvester haben wir noch gar nicht ausgeplant. W will eventuell nach H in seine Drittheimat. Wir werden wahrscheinlich mit J, dem Kolumbien-Deutschen zu irgendwas lateinamerikanischen gehen. Ein paar Tage wegfahren könnten wir auch mal gebrauchen, aber V hat keinen Urlaub und muß immer zwischen den Feiertagen schuften.

Euch wünsche ich eine schöne Bergtour. Spätestens im nächsten Jahr sehen wir uns natürlich wieder bei M.

Bis dann

Hallo!

C hat mich gestern darüber informiert, daß ich ihn heute nicht anrufen brauche, weil ihn sein Chef zum Billardspielen eingeladen hat. Morgen wollen wir zum Holger-Biege-Konzert gehen, da habe ich dann endlich Gelegenheit ihm meine besten Wünsche für seinen neuen Lebensabschnitt auszusprechen. Wird er eigentlich 30 oder schon 31? Ist ja letztlich auch egal, falls es der runde Geburtstag ist, hoffe ich nur, daß er nicht in die Krise der 30werdenen verfällt. Das soll ja manchmal beachtliche Ausmaße annehmen. Die die noch studieren, sind frustriert, weil sie noch nichts gebacken gekriegt haben, die die schon fertig sind blicken angstvoll in eine Zukunft auf dem Arbeitsamt und die die schon arbeiten plagen Horrorvorstellungen vom lebenslangen Versauern in einem öden Job. Mal sehen wie es bei mir wird. Mein Promotionsprojekt habe ich natürlich noch nicht fertig, im Nachhinein weiß ich gar nicht, wann ich das eigentlich zwischen den Feiertagen machen wollte, denn die waren so schnell um, daß einem buchstäblich hören und sehen vergingen. Helge Schneider ist übrigens auch mit einem neuen Programm unterwegs. Ich habe ihn schon lange nicht mehr live gesehen, aber V werde ich da wahrscheinlich auch nicht hinbekommen. Immerhin hat sie nach eingehender Prüfung der Holger-Biege-Kassetten, die mir C irgendwann mal überspielt hat, zugestanden - falls es denn ihr physischer Zustand nach dem morgigen Arbeitstag erlaubt - zum Konzert mitzugehen. Am Wochenende werden wir glaube ich mal ins Thermalbad fahren und den Streß rauslassen. Wenn ich so richtig überlege, habe ich eigentlich gar keinen. Ich sehe immer nur wie die Leute, die in unserem Projekt die gleiche Arbeit machen wie ich aufgeregt umherrennen, während ich mich regelmäßig zurücklehnen kann, um in Ruhe nachzudenken, was man denn noch so alles machen könnte. Trotzdem kann der Ausflug morgen nicht schaden, mal wieder die ganzen Gesichter von der Arbeit aus dem Kopf rauszukriegen.

Ich hoffe, Dir geht es bestens. Wie sehen Deine Pläne aus?

W

Hallo W.

Bei E war dieses Jahr anscheinend niemand. Tom war überhaupt nicht in R, M will E ja nicht mehr sehen und auch U hatte dieses Jahr keinen Bock, wie mir von M zugetragen wurde. So sind wir auch erst am 24. nach R gereist, zudem V auch am 23. noch arbeiten mußte. Abends kam C noch vorbei und wir planten in die Brauerei zu gehen. Ehe wir diesen Plan in angriff nehmen konnten, hatten wir allerdings schon soviele Bier und Sambuca getrunken, daß ich mich doch nicht mehr auf den Weg machen wollte. Es war dann auch schon fast 2.00 Uhr. C haben wir den nächsten Tag noch im Zug getroffen, er wollte wohl noch in die Brauerei, ganz genau wußte er es nicht mehr, in jedem Fall wollte er noch Geld holen, hat aber am Bankautomaten seine Geheimzahl dreimal falsch eingetippt, womit sich auch dieser Plan erledigt hatte. Was haben denn F und S erzählt? Hat es ihnen nicht mehr gefallen in der Ferne? Daran, daß F sich in seinem Job nicht ausgelastet fühlte kann es doch nicht wirklich gelegen haben. Meinem Bruder hat er letztens auch sein Leid geklagt, daß es so schwer gewesen sei, jemanden in Deutschland dienstlich zu erreichen, wegen der Zeitverschiebung und er dadurch wichtige Arbeiten verschieben mußte. Muß ja wirklich die Hölle gewesen sein. Heute abend werden wir zu G gehen, die Feier wird wohl nicht allzu exzessiv werden, denn seine Freundin ist im 5. Monat schwanger. Das kommt mir auch sehr entgegen (nicht die Schwangerschaft, sondern ein einigermaßen ruhiger Jahresausklang). Ich finde auch, daß wir uns im neuen Jahr mal sehen sollten, hoffentlich nicht erst am 23.12. bei E.

Bis dann D

oi amigos

schoen dass ihr euch gemeldet habt. mit J habt ihr euch dann nicht getroffen. Ja, die lustigen studentenparties und das deutsche tanzbein. das sind schon zwei eigenartige dinge.

wir sind gerade in joao p., und alle hier in der wohnung machen gerade eine siesta. der strand war gestern nacht voll von leuten und die prefetura hat ein riesenfeuerwerk veranstaltet. alles relativ geordnet abgelaufen. heute sind wir alle mit dem boot rausgefahren und haben geschnorchelt. C geht es gut, sie freut sich sehr auf das kind, ausser einer staendigen muedigkeit und grossem hunger geht alles gut. es wird ein "brasilmao" werden, Termin ist Mitte April.

Meinem Filius gefaellt es hier sehr, aufgrund guter sozialer eigenschaften hat er es leicht mit brasilianern schnell kontakt zu knuepfen, und deutsche trinkfestigkeit hilft sehr.

ich gucke mir immer den wetterkanal an, sieht recht kalt in d-land aus.

das wars erst mal. machts gut und bis bald

W

Ebenfalls ein gesundes und erlebnisreiches Fest wünscht die Familie D Dir. Ich hoffe doch, daß wir uns auch vor dem 27.3. noch sehen. Da ich sonst kein besonderes Ereignis mit diesem Tag verbinde - mal abgesehen davon, daß er genau zwischen Frühlingsanfang und Beginn der Sommerzeit liegt - nehme ich an, daß Christian Death angekündigt sind. Ich bin natürlich dabei, Karten im Vorverkauf zu holen ist ja wohl nicht nötig, obwohl natürlich der Verkauf von ein paar Karten im Vorfeld den Veranstalter diesmal vielleicht veranlassen könnte, das Konzert auch wirklich stattfinden zu lassen. Wo sollen sie denn spielen?

Was hast Du Silvester gemacht? J hat sich nicht mehr gemeldet und so haben wir gemütlich bei G reingefeiert und waren dann noch bei einer Party, bei der es ordentlich geraucht hat. Sogar mir haben da die Augen getränt. Ich weiß nicht, wie Gs schwangere Freundin es da ausgehalten hat, denn in ihrer Wohnung mußten wir uns zum Qualmen immer in das zukünftige Kinderzimmer verziehen.

Ich habe heute den Arbeitsalltag wieder aufgenommen, es hat sich keiner getraut anzurufen und auch Jugendliche waren nur in der Veranstaltungstechnik, mein Hauptsitz befindet sich aber im Gebäude der ebenfalls von mir betreuten Holzwerkstatt. Dort war es dementsprechend angenehm ruhig und ich konnte mal ein paar Sachen schreiben, was normalerweise nicht möglich ist.

Wann sehen wir uns denn mal?

Bis bald

D

Hallo D,

ich könnte jetzt auch gut eine kleine Auszeit in Brasilien gebrauchen. Ich war in letzter Zeit erkältet, das hat ganzschön geschlaucht. Heute scheint mal die Sonne, sonst fahre ich im Dunkeln zur Arbeit, wo ich im Neonlicht den Tag verbringe und fahre auch im Dunkeln wieder nachhause. Da wäre ein wenig brasilianisches Klima eine willkommene Abwechslung. Allerdings kann ich mir auch gut vorstellen, daß es im Nordosten jetzt so heiß ist, daß es uns von der Sonne verschonten arg zu schaffen macht. Ist ja schließlich Hochsommer. Im April wollen wir mal ein paar Tage nach Portugal, Vs ehemalige Kolonialherren besuchen. Ich war im letzten Jahr in der Algarve, der Lebensstil dort hat mir sehr gut gefallen: Brasilianische Langsamkeit mit weniger Krach und Aggressivität.

Gestern war mein Bruder zu Besuch bei uns, er macht einen Tennistrainer-Kurs hier in Berlin, um die Rathenower Nachwuchs-Bobbeles gebührend fördern zu können. Wir haben ihn lecker indisch essen geführt. In unserer Gegend macht immer noch jede Woche eine neue Kneipe und in letzter Zeit verstärkt Restaurants auf. Der Kietz läuft dem Prenzlauer Berg langsam den Rang ab, wenn auch sehr konzentriert auf die Grünberger Straße und Umgebung.

J haben wir gar nicht getroffen, er war wohl bei seinem Besuch in Berlin so beschäftigt, daß er es nicht geschafft hat, sich bei uns zu melden.

C hat Hendgültig den Rücken gekehrt und arbeitet in einem Call-Center, wo er gerade Mitarbeiter des Monats geworden ist. So ein Verkaufstalent hätte ich bei ihm gar nicht vermutet.

Alles Gute

W

Hallo Ihr!

Wir haben jetzt unsere Reservierung festgemacht und fahren vom Donnerstag bis zum Sonntag nach Würzburg. Ist eine sehr schöne Stadt, ich war ja schon mal mit der GEW da. Außerdem ist man auch schnell mal draußen, um ein bißchen wandern zu gehen. Ich hoffe, das Wetter wird einigermaßen.

Am Wochenende mit der GEW habe ich natürlich nicht allzu viel gesehen, da wir zum Seminar dort waren. Außerdem haben wir auf der Frankenwarte gewohnt, die hoch über der Stadt liegt, von wo man zwar eine sehr schöne Aussicht hat - besonders vom zu diesem Zwecke aufgestellten Aussichtsturm - allerdings hatte das den Nachteil, daß man nicht mal schnell in die Stadt gehen konnte, denn der Bus fährt nur jede halbe Stunde und zu Fuß ist es ganzschön anstrengend.

Ich hatte mir aber den Freitag, der Anreisetag war eigenmächtig von der Uni freigenommen und war schon vormittags dort, was mir Gelegenheit gab, auf der Marienburg umherzuwandern und von dort aus auf den Main zu schauen.

Am Flußlauf werden wir diesmal untergebracht sein und das Zentrum dürfte per pedes erreichbar sein. Es wird Zeit, daß wir mal wieder ein paar Tage rauskommen, und dem Drang etwas neues zu entdecken nachkommen.

V hat sich gerade neben mich gesetzt – ich sitze auf einem Gymnastikball, den sie gerade aufgepustet hat – und lästert über die Möglichkeit dessen Platzens durch Übergewicht meinerseits. Davon lasse ich mich aber gar nicht beeindrucken und wippe beim Schreiben weiter.

Gestern haben wird den Valentinstag begangen und uns im Via Nova ein argentinisches Rindersteak schmecken lassen.

Auf unsere alten Tage sind wir jetzt noch Mitglieder im Jugendherbergswerk geworden, um im April in Portugal in den dort in Jugendherbergen vorhandenen Doppelzimmern günstig unterzukommen.
Wir hoffen, euch geht es gut.
Beste Grüße
D

sitze hier gerade im verschneiten bayern in der bodenbeheizten whg. von frau r, die gerade ins bett gehuscht ist, obwohl ich noch einen drauf machen wollte und auch noch immer möchte. aber hier in weixerau hat man die zivilisation hinter sich gelassen und einem eskimo in seinem iglo würde es bei minus 30 grad auch kaum noch einfallen, zu sagen, er möchte jetzt noch in die stadt fahren, um noch ein bier zu trinken. aber bin ich ein eskimo? heute waren wir immerhin in münchen und haben ein wenig kultur getankt. ich habe mich an meine alten tugenden erinnert und gemerkt, dass heute ja das bereits ziemlich ausverkaufte derby stattfindet. 1860 gegen bayern. so ein zufall, dachte ich und überredete j. dazu, der landeshauptstadt einen besuch abzustatten. es gab erwartungsgemäß keinen david gegen goliath sieg, sondern ein waterloo für david, was aber auch ganz nett war für einen neutralen beobachter, der einfach nur eine legitimation dafür sucht, warum er bei minus 5 grad 22 euro ausgibt, anstatt im kino zu sitzen oder bei einer russischen schokolade. und vorher war ich im skigebiet mit S aus ossihausen, und alles verlief unplanmäßig, da ich mit der ankunft einfach krank umfiel und erst wieder gesundete, als ich das skigebiet im rücken spürte. war trotzdem schön und ein tagesausflug nach salzburg war möglich, obwohl ich kaum was sah, da ich ständig damit beschäftigt war, mir den rotz aus der nase zu wischen. solidarisch zu meiner krankheit fiel s. dann noch auf die nase, weil dort alles so glatt war und weil sie beim fall den nasenbeinbruch bewusst in kauf nahm, um den stetig dicker werdenden bauch zu schonen. sie sieht jetzt ein wenig aus wie eine frau nach einem boxkampf. vielleicht können wir uns bald mal wieder sehen und vielleicht am nächsten wochenende. morgen abend fahre ich mit dem tollen nachtticket zurück nach berlin. ab märz beginne ich wieder ein praktikum und deshalb muss ich die zeit noch nutzen, bevor ich mich ärgere, dass ich die zeit nicht genutzt habe, als ich noch zeit hatte. diese zeit wird kommen und darüber rege ich mich jetzt schon auf. keine guten bedingungen für ein erfolgreiches praktikum, das mir sogar mit einer eventuellen festeinstellung nach den ersten drei monaten versucht wird gutzureden, was mich aber nach der anfangseuphorie nicht mehr sonderlich beeindruckt. demnächst aber ausführlicher, wenn interesse besteht. gruss von hier und gruss an die frau gemahlin. bis bald und schönen gruss auch von j., die jetzt keinen mucks mehr von sich gibt zu einer zeit, wo sich die jungs und mädels in berlin gerade aufmachen, langsam die clubs anzusteuern, um all das zu vergessen, was sie täglich so nervt.

W

...und schon wieder sind wir am Bismarckturm vorbeigerauscht, diesmal allerdings in die andere Richtung. Viel mehr als den Turm sieht man ja nicht, da überall grüne Schallschutzwände gestellt sind. In zwei Wochen werden wir wohl mal den Regionalexpreß nehmen und Euch in R besuchen. Ich fand es in Würzburg wunderbar. Wir hatten die ganze Zeit Sonne und strahlend blauen Himmel und man konnte sich schon mal auf die Parkbank setzen ohne daß es kalt wurde. Wir sind viel umhergelaufen, haben alles zu Fuß erkundet. V war von der Stadt selbst nicht so begeistert wie ich. Der zugegebenermaßen etwas morbide mittelalterliche Charme Würzburgs war ihr wohl ein bißchen unheimlich. Zwar gibt es neben gotischen und romanischen auch viele Barockbauten, aber es ist nicht der verspielte bunt getünchte Baroco Tropical des brasilianischen Nordostens. Wo dort Ananas, Orangen, Bananen und die unbekannten Früchte die die Eroberer begeisterten, auf die hellen Wände stuckatiert sind, grinsen hier schon mal schmerverzerrte bärtige Fratzen , Teufel oder Knochengerippe zwischen Engelchen und düster dreinschauenden Heiligen von den eher dunklen Sandsteinquadern oder in Erdfarben getünchten Wänden herunter. Im so verzierten Dom ertönte düstere Orgelmusik, wir gingen weiter in den verlassenen Kreuzgang, wo wir einsam über die beschrifteten Grabplatten des dahingeschiedenen Adels schlendern mußten. V war die Erleichterung anzusehen, als wir nach mehreren vergeblichen Versuchen die richtige Tür fanden, die uns wieder ins Freie brachte. Auf der Marienburg war es wieder sehr schön. Durch die Kirchenpforte über den Weinwanderweg gelangten wir dorthin, auch wenn dieser noch etwas kahl war, ein herrlicher Aufstieg. Im Zickzack erklimmt man die Festung und gewinnt dabei immer neue Perspektiven auf die Stadt, die untern stetig kleiner werdend am Main liegt. Ein erstaunlich großes Burggelände offenbart sich schließlich, hier konnte man schon einige Monate Belagerung überleben, es gab Platz für Gärten und Vieh und der über 100 Meter tiefe Brunnen versorgte die geflohenen Würzburger mit Wasser. Vs Glückspfennig schlug noch ein paarmal hörbar gegen die Brunnenwand, das Eintauchen war dann nicht mehr zu vernehmen. Wir waren gegenüber der Altstadt, auf der anderen Seite des Mains untergebracht, mußten also meist über die Alte Mainbrücke in die Stadt. An Kirchen herrscht dort kein Mangel. Auf dem Weg hinauf zum Käppele begannen dort die Glocken zu läuten und von unten aus der Stadt erklang ein tausendfaches Echo. Erst als die Glocken des Käppele aufhörten zu schlagen, merkte man, daß hier kein Echo ertönte sondern die Glocken aus der Stadt, deren Richtung man wiederum erst lokalisieren konnte, wenn sie aufhörten zu schlagen und ein entsprechendes Loch im Klangteppich hinterließen. Auch die Residenz lohnt einen Besuch, neben dem üblichen fürstlichen Luxus ist dort auch ein Spiegelzimmer zu sehen, das durch Schönheit und die in seiner Herstellung zu vermutende Arbeitsleistung beeindruckt.

Bis bald

D

Hallo Freunde,

na, das ist ja nicht schlecht, ne größere Wohnung, bloß der Umzug mit einem Kleinkind wird wohl ein Problem für sich werden. Wann ist es denn soweit? Ich habe mich jetzt entschlossen, die beiden Bescheinigungen zu C zu schicken, und dann lassen wir es irgendwie dort übersetzen und bestätigen. Ich wüsste auch gar nicht, wie ich die Gebühr bezahlen sollte. Ich habe keine Schecks hier, und hinfahren kostet auch bloß um 200 Euro inkl. Sprit. Die Konsularkosten für das Führungszeugnis sind vorsichtshalber gar nicht aufgelistet auf der Homepage. Die Bürokratie ist überall ein Moloch. Da will das Konsulat hier 230 Euro für das permanente Visum. Es kostet aber bloß 230 RS in Brasilien (wenn das stimmt).

Ich warte schon sehnsüchtig. Unser Mathias fängt an sich an den Topf zu gewöhnen, schreibt C, wenigstens gelegentlich. Und einmal die Woche geht's ins "hotelzinho". Es gefällt ihm mit den anderen Kindern.

Diese Fertigwindeln, die Kosten ja richtig Geld habe ich gesehen. Da geht ja leicht eine Packung mit 10 Stck. pro Tag drauf.

na schönes Wochenende

W

Moinmoin,

letztens sagte A aus H einen Besuch bei uns ab, weil sie sich am Telefon mit ihrem Freund verstritten hätte, der eigentlich mit nach Berlin kommen wollte. Naiv fragte ich nach, wie man sich denn am Telefon streiten könne, denn für mich war das kaum vorstellbar. Daraufhin erfuhr ich, daß man sich auch per E-Mail streiten kann: Konkret wurde mir mitgeteilt, meine ewige Fragerei würde A unter Druck setzen. Nun hatte ich mit dieser Frage natürlich einen ungünstigen Moment erwischt. Trotzdem frage ich mich, ob ich vielleicht mit meinen impertinenten Nachforschungen in letzter Zeit zu weit gegangen bin, ja ob mich vielleicht meine sozialpädagogische Rolle auch im Privatleben so vereinnahmt hat, daß ich gar nicht mehr anders kann, als auf unangenehme Weise in persönlichen Wunden zu bohren. Sollte ich also auch Dich unter Druck gesetzt haben, bitte ich hiermit vielmals um Entschuldigung. Ich werde also auch im weiteren Fragen vermeiden und gehe einfach davon aus, daß es Dir gut geht. Bei uns ist alles beim Alten. Der Frühling bricht an und neue Energien werden frei. Wenn es Dich nicht zu sehr unter Druck setzt, würden wir uns gern mal wieder mit Dir treffen. Wenn Du Lust hast komm doch mal vorbei. Nächstes Wochenende sind wir übrigens in R, aber die Chance, daß Du auch dort weilst ist wohl eher gering. Wenn die Blätter anfangen zu sprießen würde ich auch gerne mal wieder nach Potsdam kommen und durch die Schloßparks wandeln.
Machs gut
D.

Hallo!

Schön, daß der Druck nachgelassen hat. So eine Zeit im Ausland kann ganz nett sein, Du kannst ja jederzeit zurück. Ich habe am Freitag C in seinem Proberaum besucht. Er liegt direkt auf der anderen Straßenseite meiner ehemaligen Wohnung in der Warschauer Straße und ist von daher auch von hier gut zu erreichen. Sie sind echt gut geworden, mein Ausstieg hat sich da sicherlich nicht negativ ausgewirkt. Leider fehlen ihnen noch ein zweiter Gitarrist und ein Schlagzeuger. Anschließend war ich noch mit G im Knaack. Der Bassist von „Das zuckende Vakuum" machte dem Bandnamen alle Ehre, so daß es einen schon etwas nervös machte. Besonders spielen konnten sie auch nicht, weshalb wir uns ein paar Hefeweizen reindrehten. „Millionaire" konnte man sich ansehen, ein bißchen zu viele Elektro-Effekte für meinen Geschmack, ansonsten fetzige Rockmusik mit einer Band, die eine gewisse Ausstrahlung von der Bühne aussendet: Zwar auch etwas zappelig, aber mit System. Cs Band war natürlich die beste, die ich an diesem Abend sah. Anschließend haben wir uns noch die Disco-Floors angesehen. Dort hat sich in den letzten zehn Jahren geradezu erschreckend wenig verändert. Im Keller schütteln immer noch Teenies die Haare, wie wir es kurz nach der Wende bei unseren Ausbrüchen aus R getan haben. Auch räumlich hat sich kaum etwas getan, mit Alufolie umwickelte Heizungsrohre dienen als Schmuckelemente, ja sogar die Bierpreise sind erstaunlich niedrig, so daß es einem vorkommt als hätte die Zeit hier stillgestanden. So einen Ort findet man in Berlin sonst kaum. Christian Death sind dort übrigens schon plakatiert, ich hoffe, es findet auch wirklich statt. Gestern waren wir dann in R. Wir wurden zum Bowling verpflichtet, wobei ich mich wie zu erwarten weit hinter der Peinlichkeitsgrenze bewegte. Dann aßen wir im argentinischen Steakhaus Rindersteaks, die irgendwie gar nicht nach Argentinien schmecken wollten. Warum auch in die Ferne schweifen... wird sich der Besitzer aus naheliegenden Gründen gesagt haben. Die Rathenower sind jedenfalls von dieser neuen Lokalität, die den dort zuvor ansässigen „Roten Adler" abgelöst hat, schwer begeistert. Ohne Reservierung ist nicht an einen Besuch zu denken und das, obwohl es dort nicht eben billig ist und fast alle anderen Kneipen und Restaurants an der Existenzgrenze zu stehen scheinen. Aber das wird sich wahrscheinlich auch nicht lange halten.

Bis dann

W

Hallo!

Wir sind wieder zurück von unserem schönen Ostseewochenende und trinken jetzt noch ein Bierchen, bevor morgen die Arbeitswoche wieder losgeht.

Freitag Abend sind wir in Beckerwitz angekommen. Die Jugendherberge ist in einem der typischen Fachwerkhäuser mit hohem Dachstuhl untergebracht. Sie war angesichts der Jahreszeit nur mäßig belegt, weshalb wir einigermaßen Ruhe hatten. Wir spazierten den von Bäumen gesäumten Weg zum Strand herunter und beobachteten den ins Abendrot getauchten Sonnenuntergang hinter der gegenüberliegenden Steilküste. Zum Abendessen reisten wir zurück in die DDR. „Zur Ostsee" heißt die ebenfalls in Fachwerk gehaltene Schenke von Beckerwitz. Die „Sie werden platziert" - Schilder waren weggestellt, aber ansonsten hatte sich seit den letzten 20 Jahren wenig verändert. Braun-weiß karierte Decken zierten die Spelakattische, rustikale braune Türrahmen und Heizungen waren vorhanden, Rostocker Pils wurde ausgeschenkt und auf den Bestecken war „Rostfrei DDR" zu lesen. Natürlich gab es zur Forelle Pommes und Rotkohl-/Weißkohl-/Möhrensalat, ich fühlte mich also angenehm in die Urlaube mit Euch zurückversetzt. Die Preise waren leider nicht mehr ganz die gleichen wie vor 20 Jahren.

Am Sonnabend reisten wir nach Wismar. Auch wenn die Bäume noch kahl waren, die Felder waren bereits von saftig grünem Gras bedeckt, die Sonne schien herrlich, auch wenn die Nacht noch bitterkalt war. In der alten Hansestadt schlenderten wir über den Fischmarkt am Hafen, wo die Fischer direkt von Schiff aus ihren Fang feilboten. Auch allen möglichen Krimskrams gab es zu erstehen und natürlich auch Glühwein und Gulasch aus der so benannten Kanone. Der „Koch" war ein richtiges norddeutsches Original und pflegte den Plausch mit seinen Kunden. Er betonte seine Friedensliebe, auch wenn sein Stand etwas militärisch daherkomme. Im gotischen Rathauskeller informierten wir uns über die Stadtgeschichte und schlenderten so gebildet an den Backsteinhäusern mit ihren Stufengiebeln, den Wassertürmen und Fachwerkhäusern vorbei.

In Boltenhagen versuchte ich Erinnerungen an meinen dort mit Familie Schulz verbrachten Urlaub wachzurufen, was mir allerdings nicht gelang. Es gibt kaum ein Haus, daß nicht in den letzten Jahren gebaut, oder zumindest umfassend saniert wurde. In Klütz fand ich schließlich die Mühle mit Restaurant wieder, in dem wir damals speisten, wahrscheinlich habe ich aber nur erinnert, weil davon ein Foto in meiner Sammlung existiert.

Am Sonntag verabschiedeten wir uns von Beckerwitz mit seinen grünen Wiesen, auf denen Rehe und Hasen vor uns flüchteten und uns ihre weißen Hinterteile zeigten. Auf dem Rückweg machten wir Station in Schwerin, wo wir ja auch schon einmal waren. Wir besichtigten das Schloß, das von weitem wie aus dem Märchen daherkommt, von nahem betrachtet fast schon ein bißchen gewöhnungsbedürftig ist, mit seiner Mischung aus sämtlichen Architekturstilen vergangener Epochen. Wir nahmen die großherzoglichen Zimmer und dessen Meißner Porzellan in Augenschein und genossen den Blick vom Schloßpark aufs Wasser und die darin schwimmenden Enten und Schwäne.

In Parchim machten wir noch einmal Halt zur Nahrungsaufnahme, bevor wir ins frühlingshafte Berlin zurückkehrten.

Wir hoffen, Euch geht es gut.

Bis bald D

Lieber D,

weil Du immer so fleißig bist, auch von mir ein paar E-mail-Zeilen. Am Freitag haben wir Ts Geburtstag gebührend gefeiert. Ingo , Mischa und Paßelats waren da. Ingo hat uns nach einigen Schnäpperken wieder einige Münchhausen-Storys erzählt. T hat sich über Euere Karte sehr gefreut! Ich war ein biß-chen müde , da ich gerade eine 75 km-Radtour nach Riewend (über Stechow, Nennhausen, Buckow und Barnewitz) hinter mir hatte. Am Sonntag waren wir mit dem Tennisverein nach Großwudicke kegeln. Das Musical "cats" war sehr schön. Schöne Melodien und ganz herrliche Aufma-chung (Kulisse und Kostüme). Wir hatten wunder-schöne Plätze. Zum Einsstimmen hatten wir uns noch die Amiga-Platte, die Du T zum Geburtstag 1989 geschenkt hattest, angehört.(Weißt Du natür-lich noch??!!) Wie geht es V? Was macht das Baby? Hoffentlich geht es beiden gut! Wir freuen uns! Nun geht Ihr ja bald auf große Reise. Viel Spaß und kommt gesund wieder. Wir feiern am Sonnabend Ts Geburtstag rein und am Sonntag kommt Karlheinz und C aus Pforzheim für 3 Tage .Da werden wohl T und ich und hoffentlich auch T zweimal in Berlin sein. Schade , daß Ihr immer dann nicht da seid.
Herzliche Grüße W.

Daß ich T die Platte von Cats geschenkt hatte, wußte ich natürlich noch. Schließlich habe ich ja in den Ferien immer wenn es neue Ware gab am HO - Kaufhaus angestanden, um solche Präsente weiter-reichen zu können. Wie jetzt beim Winterschluß-verkauf standen dort immer die gleichen Leute, um die begehrten Lizenzplatten zu ergattern, ich kann mich sogar noch an den einen ROW – Menschen erinnern, der wahrscheinlich krankheitsbedingt keinen sichtbaren Hals hatte, aber jedesmal der erste in der Reihe war, um wie ein geölter Blitz die Treppen in die dritte Etage hinaufeilte, ganz nach hinten, wo die Platten standen. ROW hatte wahr-scheinlich Frühstückspause, ich habe mich aus dem Bett gequält und gleich den Schlafanzug unter der Jacke gelassen, um mich anschließend wieder hinzulegen und weiterzuschlafen. Die Cats-Platte wird wohl 89 die letzte meiner Erwerbungen gewe-sen sein, bevor es keine Lizenzplatten mehr gab, sondern die Originale ins Regal kamen.

Das Baby wächst fleißig und läßt e sich gutgehen. Damit es auch ordentlich groß wird, waren wir heute im Via Nova essen und haben uns wie letz-tens mit Euch in Rathenow ein argentinisches Steak schmecken lassen. Das Steak war sehr gut, aber der Salat mit seinem typischen Joghurtdres-sing aus der Flasche oder dem 10-Liter-Eimer ließ mich wehmütig an den guten alten süßsaueren Kohl- und Möhrensalat denken, dessen Erinnerung in mir in Beckerwitz wieder wachgerufen wurde. Da bin ich wohl doch durch die Salatbar im Hotel der Optik geprägt, an der ich mich immer so gerne be-diente. Ich bin mit Gedanken schon in Portugal und das Arbeiten bei dem düsteren und naßkalten Wetter fällt schwer. Aber bald ist es ja soweit.

Bis dann

D

Hallo Herr D,

was muß ich da lesen - du fährst schon wieder in Urlaub? Das ist doch nicht zu fassen. Bei dem derzeitigen Wetter gibt es allerdings kaum eine andere alternative als wegzufahren. Jedenfalls wünsche ich dir und V viel Spaß und gutes Wetter.

Tatsächlich bin ich letzten Sonntag den Halbmarathon gelaufen. Obwohl er wider Erwarten gut verlief, werde ich ihn in eher schlechter Erinnerung behalten. Genau 2 km vor dem Ende verspürte ich plötzlich seitlich einen Stich, der unkontrollierbar wiederkehrte und mich zum langsamen Laufen zwang (fast gehen). Sicher 50 Läufer mußte ich unter dem Hohngelächter der Massen vorbei ziehen lassen. Und das gerade im Zielbereich, wenn man sich so wunderbar fühlt, weil man endlich spürt, daß man es gleich geschafft hat. Dieses mal war es also umgekehrt. Denn bis dahin lief alles wirklich super. Letztendlich kam ich irgendwie ins Ziel, aber der komische Beigeschmack bleibt. Bis dahin hatte ich keinerlei Schmerzen und war wohl deshalb zur Hälfte überrascht und zur anderen entsetzt. Jedenfalls bin ich mit meinen 1 h 32 min wieder 30 sec unter der eigenen Vorgabe geblieben, unter 90 min zu laufen. Natürlich habe ich während des Laufens wieder 1000 gute Vorsätze gehabt, an die ich mich jetzt nur noch ungern erinnere, natürlich, weil ich sie bisher nicht verwirklicht habe. Nach dem Laufen kommt man sich halt vor, als ob man noch mal davongekommen wäre - also Glück hatte. Die Vorsätze waren dann eine Art Gebetslitanei, so nach dem Motto - wenn ich hier rauskomme, gelobe ich dies und jenes...Danach lacht man dann nur darüber.

Sonst geht's aber recht prima. Rüdiger lief übrigens seinen ersten Lauf in 1h 49 min und wurde danach von seinen Glückshormonen heimgesucht. Er war und konnte wirklich zufrieden sein und soll Dir als Vorbild dienen. Meine dringliche Bitte: Turnschuhe kaufen und los geht's mit dem Laufen. Erst 2 km, dann 3, 4 usw. - noch Fragen?

Gruß auch an die Frau Gemahlin und melde Dich bitte spätestens nach Deiner Reise.

W

Hallo W!

Vorgestern sind wir also zurückgekehrt. Rathenow haben wir diesmal überflogen, bei diesem strahlenden Wetter waren die Havel und der Wolzensee gut zu sehen, auch Rathenow Ost war an der bekannten Baustruktur zu erkennen. Wir sind über London geflogen, da die Kriegsabsichten der Engländer zur Zeit unserer Buchung noch nicht absehbar waren. Der aus diesen Aktivitäten entstandene Sicherheitswahn hat sich auch bei unserer Rückreise unangenehm bemerkbar gemacht: Trotzdem wir aus dem Übergangsbereich kamen und unser Gepäck somit bereits in Portugal kontrolliert war, mußten wir es in London noch einmal durchleuchten lassen, außerdem haben sie es dann auf dem Weg ins Flugzeug noch mal aufgemacht. Bei beiden Gelegenheiten mußte sich V von potentiellen Gefängnisaufseherinnen abtasten lassen, wahrscheinlich sieht sie nicht britisch genug aus. Ansonsten hatten wir aber einen sehr schönen Urlaub.

In Lissabon nahmen wir unser Auto entgegen und bewegten uns in den Parque das Nações, wo 1998 die EXPO stattfand. An der Uferpromenade des Tejo fanden wir ein brasilianisches Restaurant, wo wir Picanha (Grillfleisch) und Feijoada speisten. V war sehr zufrieden, wieder mal in den Genuß einer guten brasilianischen Küche zu kommen. In Berlin gibt es zwar auch ein paar Brasilianer, aber die sind nicht unbedingt in unserer Nähe und wenn wir uns entscheiden, essen zu gehen, treibt es uns meist zum nahegelegenen Inder, Italiener/Steakhaus, Chinesen oder zum Sudanesen. Wie wir später feststellten, kann man in Portugal an vielen Stellen gut brasilianisch essen. Überhaupt scheinen sich die Portugiesen zu brasilianisieren, im Fernsehen laufen viele der brasilianischen Telenovelas, Fortsetzungsserien, die jeweils über fünf bis sechs Monate täglich außer Sonntags ausgestrahlt werden und in Brasilien die ganze Nation vor den Fernseher zwingen. Von 16 bis 20 Uhr sieht man dort nichts anderes und in Portugal scheint es ähnlich zu werden. Solche umfangreichen Fernsehproduktionen lohnen sich für die 10 Millionen Portugiesen wahrscheinlich nicht und so werden sie einfach aus Brasilien importiert, wie es scheint mit Erfolg. Werbung und Graffitis nehmen bereits bezug auf die Titel der Novelas und darin vorkommenden typisch brasilianischen Slang.

Das Ufer des Tejo, der an dieser Stelle ein paar Kilometer breit ist, wird auf der Länge des EXPO-Geländes von einer Seilbahn abgefahren, die eine Verbindung zwischen diesem „Meer" und dem Land schafft: Von hier aus kann man beides bis zum Horizont überblicken, das Territorium des Menschen und das Wasser, das ´98 Thema der Weltausstellung war. Ein Turm mit Aussichtsplattform überragt das Gelände und die Architektur erinnert mit ihren geschwungenen wellenförmigen Linien an die Gebäude von Oscar Niemeyer in Brasilia. Teilweise sind es auch nur stumpfe Klötze aus Stahl und Glas. Das ganze Gebiet wirkt ziemlich unbelebt und steril. Überall werden jetzt Wohngebäude gebaut und die Wohnung in etlichen Verkaufskiosken angeboten, die Nachfrage scheint sich in Grenzen zu halten. Im Parque das Nações lag auch unsere erste Herberge. Leider bekamen wir ein Zimmer genau am Anfang des Ganges, dessen Tür sich genau auf der anderen Seite einer sehr dünnen Wand an der Kopfseite unseres Bettes befand. Da sich auf diesem Gang ungefähr 20 andere Zimmer befanden und nebenan auch noch die Toilette und dusche angesiedelt waren, war an schlafen kaum zu denken. Zum Glück hatten wir hier nur eine Nacht eingeplant, vielleicht hatten wir auch gerade deshalb das schlechte Zimmer bekommen.

Am nächsten Morgen zogen wir nach dem ärmlichen Frühstück, das bei den Portugiesen allgemein keine große Rolle spielen soll, aus und begaben uns in das zum EXPO-Park gehörige Oceanário. In dessen Zentrum steht ein gewaltiges Atlantikbecken, das man zuerst in einem oberen Rundgang, dann unten umkreist. Dort schwimmen Haie, Rochen, Thunfische, prähistorisch anmutende diskusförmige Riesenfische, die keine Schwanz- und Seitenflossen haben und sich nur mit ihren Bauch- und Rückenflossen bewegen, so daß sie aussehen wie eine hochkant gestellte Wasserschildkröte, Schwärme kleiner Fische, Welse und so weiter. Das Ganze spielt sich hinter haushohen Scheiben ab. Fischotter sieht man auf dem oberen Rundgang in einer künstlichen Klippenlandschaft, später kann man unter dem Wasserspiegel ihre Tauchkünste beobachten. Auch sehr schöne tropische Becken mit Fischen, Korallen, Quallen gibt es, wie im Aquarium des Berliner Zoos. Es zieht einen aber mehr an die Scheiben des Nordatlantik-Beckens an denen man sich vorkommt, als stünde man unter Wasser und könne die Fische mit der Hand anpakken.

Wie es an unserer nächsten Station Évora weiterging, schreibe ich Euch beim nächsten Mal.

Beste Grüße von D

Hallo!

Vielen Dank für Euren Brief. Hat Euch unsere Karte aus Portugal eigentlich erreicht?

Beim Notar bin ich schon gewesen. Solche Sachen erledige ich meistens gleich, auch wenn ich manchmal überlege, ob es wirklich Sinn macht. Die Bundesversicherungsanstalt für Angestellte nervt uns zum Beispiel schon seit Monaten mit der Anforderung von immer neuen Dokumenten. Zwischendurch schicken sie dann Schreiben, daß sich die Bearbeitungsnummer geändert hat, zwei Wochen später schreiben sie, daß doch die alte Nummer wieder gültig ist. Gestern passierte dann noch mal das gleiche, diesmal waren gleich zwei Briefe im Kasten, einer teilte mit, daß sich die Bearbeitungsnummer geändert habe, der andere, daß dem doch nicht so ist und er erste Brief gegenstandslos sei. Für mich waren beide gegenstandslos und landeten im Müll. Die Verwaltung hat den Überblick verloren, die Mitarbeiter können nicht mit der neuen Informationstechnik umgehen oder wie auch immer. Wer weiß, ob sie die jetzt eingereichten Dokumente und Formulare überhaupt noch brauchen, wenn wir mal in Rente gehen. Dann muß man das alles wahrscheinlich sowieso noch mal machen. Deshalb überlegt man sich schon manchmal, ob man den ganzen Quatsch überhaupt mitmacht oder einfach schreibt: „Behaltet Eure Formulare, wir sprechen uns in 30 Jahren wieder." Aber als guter DDR-Bürger ist man halt gewohnt, alles mögliche mitzumachen und so kriegen sie ihre Formulare und Dokumente.

Unangenehme Sachen soll man eben schnell erledigen. Wäre das nicht auch das Beste für Ms Operation? Das so lange vor sich herzuschieben, ist doch auch nicht gerade Balsam fürs Gemüt. Wir drücken jedenfalls die Daumen, daß alles optimal läuft.

Mit Eurem Besuch habt Ihr ja viel unternommen. Vielen Dank für die schönen Fotos vom Bismarck- turm. Bleibt der nun so wie er ist, oder werden die „Chinadächer" wieder heruntergesetzt?

Wie versprochen schreibe ich Euch, wie es mit uns in Évora weiterging: Die Herberge fanden wir im Gegensatz zu der in Lissabon schnell, weil sie praktischerweise ausgeschildert war. Wir schlän- gelten uns durch die engen Gassen des Altstadt- kerns, der komplett von einer hohen Stadtmauer umgeben ist. Schon mit dem von uns gemieteten Kleinwagen war das eine Anstrengung. Die Altstadt ist vollständig erhalten, nicht wie in Lissabon, wo Ende des 18. Jahrhunderts ein Erdbeben alles zer- störte, was sich die Portugiesen mit dem brasiliani- schen Gold einige Jahrzehnte zuvor aufgebaut hatten. Mit ihrem Kopfsteinpflaster, der Enge und den Höhenunterschieden erinnerte sie uns an das brasilianische Ouro Preto.

Auch unsere Herberge befand sich natürlich in ei- nem der schönen historischen Gebäude. Dement- sprechend gab es keine langen Gänge, was Ruhe und guten Schlaf bedeutete. Das Zimmer war sehr schön, eingerichtet mit Möbeln im Bauernstil, die typischerweise weiß gestrichen und von Hand mit aufgemalten Blümchen verziert worden waren, ins- gesamt sehr sympathisch. Mittagessen gingen wir im Restaurant „O Jovem", was soviel wie der „Jüngling" heißt. Der Name soll wohl Besucher der Jugendherberge anziehen, denn die Gaststätte be- findet sich dort in der Nähe. Die Preise bewegten sich allerdings eher auf Hotelniveau. Wir aßen Ba- calhau, eine portugiesische Spezialität, die sich auch nach Brasilien vererbt hat. Es handelt sich dabei um einen getrockneten und gesalzenen Ka- beljau, da muß sich wohl bei der Namensgebung irgend jemand verhört haben. Der Export nach

Brasilien bot sich natürlich an, da der Fisch nach der Trocknung monatelang haltbar ist und so auch vor der Erfindung der Kühlschiffe nach Übersee transportiert werden könnte. Produziert wird er übrigens in Norwegen. Sonst haben sich nicht viele der portugiesischen Zubereitungsmethoden nach Brasilien überliefert. Dort überwiegen eigene Kreationen und von den Sklaven hereingetragene afrikanische Einflüsse. Der Bacalhau wird vor der Zubereitung gewässert und dann entweder gebraten, gegrillt, als Suppe, oder wie bei uns im „O Jovem" in kleinen Stückchen fritiert, in diesem Fall mit Kartoffeln zusammen. Durch das Trocknen bekommt der Fisch einen intensiven etwas gewöhnungsbedürftigen Geschmack. In dieser Zubereitungsart schmeckte er ganz gut, allerdings war es eine ziemlich fettige abwechslungslose Masse, die schnell satt machte. Am Montag besuchten wir die S. Francisco–Kirche mit ihrer „Capela dos ossos", der Knochenkapelle. Dort wurden die Gebeine aus Grüften und Fridhöfen zur Wandgestaltung genutzt, ein etwas unheimlicher Ort, den V verständlicherweise schnell verlassen wollte. Wir schlenderten noch etwas durch die Stadt, an den zahlreichen Klöstern und Kirchen vorbei. Anschließend besuchten wir die Schloßruine vom Montemor. Auf eine hügelige Wiesenlandschaft gesetzt, erinnerte sie an Bilder schottischer Burgen. In Brotas speisten wir ein Schweinesteak, das schwer in Knoblauch eingelegt war, dazu gab es fritierte Kartoffelchips. Bei der Suche nach dem Stadtausgang kamen wir noch dreimal am „Restaurante O Poço" vorbei, es schien, die Stadt wurde so gebaut, daß man dieser Lokalität nicht entgehen konnte. Wir zogen noch etwas durch die Gassen von Èvora, zum Abendessen besuchten wir noch einmal das „O Jovem". Das Schwein aus dem O Pouço lag uns noch schwer im Magen, weshalb wir eine Suppe bestellten. Die Sopa de Cação war eine leckere angedickte Fischsuppe mit Kräutern, zu der ein pochiertes Ei, ein Stück gebratener Fisch und Biskuits gereicht wurden. Das alles wirft der Portugiese in die Suppe hinein, bevor er sie sich schmecken läßt. Wir ließen allerdings die Biskuits weg, da wir eigentlich mal etwas weniger massiges essen wollten. Die Suppe mundete auch so hervorragend. Wie alle männlichen Kellner tänzelte auch der hiesige um uns herum und zeigte sich hocherfreut, als wir ihm die Schmackhaftigkeit seines Essens bestätigten. Kellnerinnen gaben sich im Unterschied zu diesem Verhalten eher emotionslos, ein Gegensatz dessen Ursachen wir nicht erkunden konnten.

Am Dienstag besuchten wir das São Pedro-Kloster, daß einsam auf einem Hügel ruht, zu dem nur ein einspuriger Feldweg führt, der entgegenkommendem Verkehr nur den Weg über den Straßengraben offenläßt. Ein Ausweichen war dann aber nicht nötig, da uns auf der gesamten Fahrt niemand entgegenkam. Nur ein paar Schafe grasten am Wegesrand, sonst war weit und breit niemand zu sehen. Auf der Rückfahrt tranken wir einen Schluck aus der Am Fuße des Hügels gelegenen São Pedro-Quelle. Zurück ging es an den Korkeichen vorbei, die alle acht Jahre geschält werden und die Jahreszahl ihrer letzten Entrindung trugen. Zum Mittag aßen wir wieder einen Fisch, diesmal mit Kartoffeln und grünen Bohnen. Nach einer kleinen Siesta wanderten wir am steinernen Aquädukt entlang zur außerhalb der Stadtmauern gelegenen Festung. Von hieraus bot sich ein wunderbarer Blick auf die Stadt in der Abendsonne. In die Stadtmauern zurückgekehrt, trank ich noch ein paar Bier in Kölsch-Größe in einer Kneipe mit lauter Musik und Fußball im Fernsehen. Wir waren die einzigen Gä-

ste, bis sie um neun dichtmachten. So konnten wir früh schlafen gehen um uns auf die Fahrt nach Faro am nächsten Tag vorzubereiten. Wie es dort weiterging schreibe ich euch beim nächsten Mal.
Viele Grüße
D

Hallo!

Hier wie angekündigt der abschließende Teil unseres Reiseberichts.

Am Mittwoch brechen wir – unseren hartumkämpften Parkplatz freigebend – nach Faro auf. Durch Serpentinenstraßen schlängeln wir uns an den Korkeichen und Eukalyptusbäumen vorbei. Letztere werden für die Papierindustrie angepflanzt, da V aber von den endlosen Kurven schon ganz schlecht ist, halten wir an und rupfen uns ein paar Blätter ab, an denen sie schnüffeln kann. Auf der Einfahrtsstraße in die Stadt, an der sich hauptsächlich Autowerkstätten, Baumärkte und ähnliches angesiedelt haben, kehren wir in die Churrascaria Campina ein. Sie wirbt mit Frango grelhado, gegrilltem Hühnchen, und die Parkplätze ringsherum sind voll, was für die Qualität des Lokals zu sprechen scheint. Wir fahren also eine Nebenstraße weiter, um unser Auto abzustellen und treten in die Gaststätte ein. Lärm wie aus einer Bahnhofhalle schallt uns aus dem großen Saal entgegen, in dem sich die Arbeiter aus der Gegend zum Mittag versammelt haben. Wir finden einen freien Tisch, der allerdings noch nicht abgeräumt ist und einem kleinen Schlachtfeld gleicht. An den anderen Tischen wird diskutiert, gegessen und Wein getrunken, der auch gerne mit etwas Sprite angereichert wird. Der gutgelaunte Kellner zerknüllt die Papiertischdecke mit dem daraufliegenden Müll unserer Vorgänger. Dabei heruntergefallene Krümel entfernt er, indem er seinen Kopf über den Tisch hängt und alles in seine Richtung herunterpustet. Nachdem er eine neue Papierschicht aufgelegt hat, bestellen wir gegrilltes Hähnchen und eine der beliebten anderthalb Liter Brause. Auf den halben Liter Wein, der hier pro Person verzehrt wird, verzichten wir angesichts Vs Schwangerschaft und meiner Pflichten als

Autofahrer. Zuerst kommen wie immer die Entradas, kleine Häppchen und Brot, mit dem man sich das warten auf den Hauptgang verkürzen kann. Das weiße Brot ist wie meistens – Jugendherbergen ausgenommen – sehr gut. Eine rustikale Kruste umhüllt die feste Masse, nicht wie bei vielen hiesigen Exemplaren, die nur aus aufgeschäumter Luft zu bestehen scheinen. Dazu gibt es hier Oliven und mit Knoblauch eingelegte Möhrenscheiben. Auch das Hähnchen enttäuscht nicht, der Besuch in dieser Lokalität hat sich also auf der ganzen Linie gelohnt. Wir bezahlen unter zehn Euro und wollen ein kleines Trinkgeld geben, wobei wir zuerst auf Unverständnis stoßen, solche Großzügigkeit scheint an diesem Ort nicht üblich zu sein. Um so größer ist die Freude des Kellners, als er endlich versteht, was wir eigentlich von ihm wollen.

Die Jugendherberge ist gut zu finden, ein moderner Bau zwar, aber wir haben unser Zimmer am Ende des obligatorischen langen Ganges, was einigermaßene Ruhe verspricht. Im Forum Algarve gehen wir noch ein Eis essen und kaufen Lebensmittel, Kindersachen und ein paar Kilo schwarze Bohnen. Am Flughafen vorbei fahren wir zum Strand und beobachten den Sonnenuntergang. Inzwischen hat eine Horde Kinder mit zwei Betreuerinnen unsere Jugendherberge belagert. Als V die Toilette betreten will, wird sie erst von einem kleinen Jungen darauf aufmerksam gemacht, daß diese sich voller Menschen befinde. Als sie sich davon nicht abweisen läßt, begegnet sie einer Gruppe peinlich berührter Jungs, die gerade von ihren Betreuerinnen ausgezogen wurden, um unter die Dusche gesteckt werden zu können. Als sie die Kabine wieder verläßt, haben sie sich in die Ecken gedrängelt und einer der keinen sichtgeschützten Platz mehr abbekommen hat, hat einen seiner Turnschuhe über die nicht öffentlichkeitsfähigen Körperteile gestülpt. Wir sehen uns vor dem Schlafen noch eine der brasilianischen Seifenopern an, damit V die vertrauten Gesichter und das dazugehörige Idiom genießen kann.

Donnerstag früh fahren wir zum Fischmarkt am Hafen von Olhão. Wir schlendern die Hafenpromenade entlang und entdecken schließlich zwei backsteinerne Hallen. In der ersten finden wir fast alles wieder, was im Oceanário von Lissabon im Aquarium schwimmen sahen, diesmal allerdings ums Leben gebracht und zum Verkauf feilgeboten. In der zweiten Halle erwartet uns ein breites Angebot an Obst und Gemüse. Wir genießen die frischen Düfte, die uns der lange Winter in Deutschland vorenthalten hat und kaufen ein Kilo Erdbeeren, für die hier gerade Erntezeit ist, die also billig zu haben sind und ganz anders schmecken als die Wasserbeeren aus dem Gewächshaus, die man außerhalb der Saison teurer bezahlt. Anschließend besuchen wir das Schloß von Tavira. Hier wird gerade eine Pousada gebaut, das sind staatliche Herbergen, die auf hohem Niveau in historischen Gebäuden für Portugal-Touristen offenstehen. Das hiesige Gebäude ist allerdings völlig entkernt, wird also wohl einen modernen Innenausbau erhalten. Nach einer kleinen Siesta fahren wir noch mal zum Strand. Vorher haben wir uns ein Grillhähnchen gekauft, das wir uns hier schmecken lassen. Zwei Personen können von diesem saftigen Vogel satt werden, auch hier ist gar nicht an die von jahrelangem Eierlegen ausgemergelten Hühnchen zu denken, die an den Drehspießen der Berliner Imbißbuden vertrocknen.

Am Karfreitag machen wir uns auf den weg zum Cabo São Vicente, dem westlichsten Punkt Europas, von dem man fast herüberschauen kann nach

João Pessoa. Eine Zwischenstation machen wir am Schloß von Silves, wo ich im letzten Jahr eine Ausstellung über mittelalterliche Foltermethoden besuchte, die es in diesem Jahr aber nicht mehr gibt. Vs Geschmack wäre das wahrscheinlich sowieso nicht gewesen. Die große Zisterne, in der die Ausstellung untergebracht war ist statt dessen verschlossen. An einer idyllischen Treppe, die vom Schloß zur Stadt herunterführt befindet sich das Café Inglés. Hier versuchte ich im letzten Jahr einen Zitronensaft zu trinken, bekam aber aufgrund der Sprachunterschiede vom brasilianischen zum Portugiesisch des Mutterlandes nur eine Zitronenbrause serviert. Saft heißt in Brasilien Suco, in Portugal Sumo, ich bekam also ein Erfrischungsgetränk namens Sucol serviert. In diesem Jahr klappte die Bestellung und zu unserem erfrischenden Zitronensaft verspeisten wir einen Mandelkuchen. Durch eine karge zu Klippen abfallende Landschaft fahren wir hinter Sagres in Richtung Cabo São Vicente. Nur Heidekräuter und kleinere Büsche bilden hier einen Flickenteppich aus verschiedenen Grüntönen. Größere Pflanzen können dem rauhen Klima an dieser letzten Ecke Europas anscheinend nicht standhalten. Unten schleudert der Wind die Wellen gegen die hohe Steilküste. Einfallsreiche deutsche Geschäftsleute verkaufen hier Eisbein mit Sauerkraut und die „Letzte Bratwurst vor Amerika". Diese kulinarische Rarität lassen wir uns entgehen und speisen statt dessen in Sagres einen leckeren gegrillten Fisch. Zurück in Faro lassen wir uns noch einmal die hervorragenden Erdbeeren schmecken.
Am Sonnabend brechen wir auf nach Lissabon. Diesmal haben wir uns in der Stadt eingemietet. Nach einer weile Irrfahrt kaufen wir uns einen Stadtplan, aber auch damit ist die Navigation in

dieser Stadt nicht ganz einfach. Unzählige Über- und Unterführungen lassen einen die Orientierung verlieren und wenn man nicht aufpaßt, ist man auf einer Ausfahrtsstraße, von der man erst wieder jenseits der Stadt herunterkommt. Auch haben die portugiesischen Autofahrer nicht umsonst ihren Ruf als die schlechtesten Europas. Wie in Brasilien ist die Hupe das wichtigste Instrument auf dem Armaturenbrett, die hohe Unfallstatistik untermauert diesen Eindruck. Wir kommen schließlich doch zu unserer Herberge, wenn auch etwas gestreßt. Sie ist eigentlich schön angelegt, aber obwohl sie erst zehn Jahre alt ist, macht sie schon einen ziemlich abgerissenen Eindruck. In den letzten zehn Jahren scheint nicht viel Hand angelegt worden zu sein. Sie liegt in einer angenehmen Mittelklassegegend oberhalb der Prachtstraße Avenida da Liberdade, die zum historischen Zentrum führt.

Am Sonntag laufen wir die Avenida herunter, an deren zu unserer Unterkunft gelegenen Ende der Marques de Pombal mit einem Löwen auf einer hohen Säule thront. Die Straße erinnert an ihr Pendant in Buenos Aires, die Avenida 9 de Julio, sowohl in ihrer Breite als auch in der Mischung von moderner mit der Architektur des frühen 19. Jahrhunderts, als Lissabon nach dem Erdbeben wieder aufgebaut wurde und Buenos Aires seine Hochzeit erlebte. Wir schlenderten durch die Straßen, ließen uns treiben. Mit einer der „Elétricos", der kleinen uralten Straßenbahnen fahren wir zum Schloß, daß hoch über der Altstadt liegt. Es scheint mehr wiederaufgebaut als restauriert, aber man hat einen wunderbaren Rundblick über die Stadt, mit dem wir uns ein bißchen wehmütig von Portugal verabschieden.

Beste Grüße

D

Hallo!

Schön, von Dir gehört zu haben. Wir können nicht klagen, ob es ein(e) er oder sie wird, wissen wir noch nicht. V wird es sich aber bei Feststellbarkeit sagen lassen, um schon mal die passenden Baby-sachen auf Vorrat besorgen zu können. Was sich geschlechtsneutral kaufen läßt, lagert bereits alles auf unserem Kleiderschrank.

Dann nehmt mal ein schönes Tape auf und laßt mir ein Exemplar zukommen! Sag mal bescheid, wenn Du einen Abend Lust hast, ein Bier trinken zu ge-hen oder auf ein Konzert oder so.

Heute habe ich die Showtech besucht, eine Veran-staltungstechniker-Messe, die alle zwei Jahre unter dem Funkturm stattfindet. Fachlich war das natür-lich für mich recht wenig interessant, auch unsere Projektteilnehmer haben sich nicht besonders ge-zielt informiert. Am meisten haben sie ihre spiral-förmigen Werbegeschenk - Bleistifte begeistert. Ei-ner hat die ganze Zeit eine Besucherbefragung am Computer ausgefüllt und ist bei der Frage hängen-geblieben, wie viele Angestellte sein Unternehmen hat. Außerdem haben sie sich über Fahnenmasten beraten lassen, die auch bei Flaute mittels Luftdü-sen die Flagge flattern lassen. Solche skurrilen Stücke machen den Messebesuch dann interessant, auch wenn man keine Ahnung hat, wie man ein drei Meter langes Mischpult bedient. Ansonsten alles sehr futuristisch dort. An Lichtsteuerpulten kann man auf dem Bildschirm in allen Perspektiven verfolgen, wie die programmierten Scheinwerferbe-wegungen auf der Bühne aussehen werden, alles in einem an Raumschiff Enterprise erinnernden De-sign.

Am Wochenende waren wir in werden beim Baum-blütenfest, auch eine sehr interessante Veranstal-tung. Den dort üblichen Obstwein und –bowle habe ich schnell zugunsten eines kühlen Pils abgesetzt. Wir haben uns auf der etwas Pflegebedürftigen „Bismarckhöhe" eine Show von Antenne Brandenburg angesehen: Glücksrad, Hauptpreis ein Picknickkorb ohne Inhalt, mit Musikeinlagen einer Potsdamer Oldie-Coverband. Die Gegend ist dort aber sehr schön. In den Potsdamer Schloßgärten würde ich auch gerne mal wieder umherschlendern. Wenn Du wieder zeit und Lust hast, können wir das ja mal einen Sonnabend oder Sonntag machen.

Bis bald
W

Hallo!

Gestern machten wir uns auf den Weg nach Templin. Die Bahn bietet ein Ticket an, in dem der Besuch der dortigen Therme und die Busfahrt dorthin bereits enthalten sind. Daß dieses Angebot einige Nachteile hatte wurde uns erst später klar. Zwei Stunden tuckerten wir mit einem Triebwagen die 80 Kilometer auf einer eingleisigen Strecke entlang. Als wir endlich angekommen waren, war unser Bus gerade weg und der nächste fuhr erst wieder in einer Stunde. So schlenderten wir erst mal durch die von einer samt ihren Türmen gut erhaltenen schönen Stadtmauer umgebene kleine Altstadt und gingen gemütlich etwas essen. Wir genossen das Essen mit Blick auf den Stadtweiher. Die Altstadt schien wie ausgestorben, es war jetzt Mittagszeit und die Männer waren mit Pferdekutschen und Fahrrädern außerhalb unterwegs. Endlich nahmen wir den Bus zur Therme und stellten fest, daß die Templiner Busfahrer auch nicht freundlicher sind, als die Berliner. Nach der ersten Haltestelle hörte der auf, die Haltestellenanzeige zu bedienen. Trotzdem er gesehen hatte, was wir für ein Ticket haben, hielt er natürlich nicht an der Therme an, weil ja keiner gedrückt hatte. Glücklicherweise fuhr er kurze Zeit später eine Schleife und wir stiegen auf der Rücktour aus. Vielleicht war er nur etwas verstimmt, weil er am „Männertag" arbeiten mußte.

Das wäre noch eine Idee, wenn Ihr wirklich mit Werner und Elisabeth in Lübbenau übernachten wollt. Am ersten Tag könnt Ihr mit dem Kahn und zu Fuß den Spreewald erkunden und am zweiten Tag erholt Ihr Euch von diesen „Strapazen" im dortigen Thermalbad: Ihr schwimmt in der 37°C heißen Salzlake, laßt Euch von den Strudeln in den Schwimmbecken umhertreiben, schwimmt hinaus in das Außenbecken und genießt die Sonne und laßt Eure müden Muskeln von den Luftstahlen massieren, die an verschiedenen Stellen unter dem Wasserspiegel auftauchen. Auch in die Sauna könnt Ihr dort gehen, was wir in Templin nicht gemacht haben. Die beiden Anlagen sind sich sehr ähnlich, beide sind schön gemacht. Eine Deckenkonstruktion aus Holz und Licht läßt eine helle, warme Atmosphäre entstehen. Viele verschiedenen Becken und die sich abwechselnden Blubber-, Strudel-, Wellen-, Wasserfall- und sonstigen Aktivitäten lassen auch bei drei Stunden Besuch keine Langeweile aufkommen.

Bestellt B morgen schöne Grüße und laßt Euch den Spargel schmecken.

Bis dann

D

Ihr Lieben,

vielen Dank für Eueren Bericht vom Herrentags-Ausflug! Hat G-A das Baden in der Therme gefallen? Wir hatten einen schönen Samstag mit B und den beiden Kindern. Leider war der Kirchturm nicht zu besteigen, B hatte seine Videokamera umsonst mitgenommen und Janik wollte unbedingt der Erste oben sein! Dafür ist er dann in Ferchesar schon ohne Schwimmhilfen geschwommen. Die Drei sind am Abend wieder nach Hause gefahren, denn B und M hatten für Sonntag eine Einladung im Hotel Adlon zum Brunch. Bs Schwester und Schwager aus H haben zur Goldenen Hochzeit von ihren Kindern diese geschenkt bekommen. M , die von sich aus bei B bleiben will ist richtig lieb und fürsorgend ihrem Vater gegen über geworden. Sie wußte , daß Bs einzige Krawatte einen Fettfleck hat. G hat ihm dann eine gegeben, damit der Ober im Adlon nicht vornehmer aussieht als seine Gäste. Aber ach, sein Rasierzeug hatte B in Borgsdorf! Er hat erzählt, daß R ihn umerziehen wollte, sie ist mit seiner chaotischen Art nicht mehr klargekommen. B hat zugegeben, daß es schon lange gekriselt hat Irgendwann will er ganz nach Borgsdorf ziehen. Ich konnte dann ungestört das Fußballspiel gucken und dann diese Enttäuschung! Zwecks unserer geplanten Tour nach München habe ich mich kundig gemacht und erfahren, daß die Fahrt mit Spartarif für uns beide zusammen nur 160.-Euro kostet. Vielleicht fordere ich mir einen Prospekt der Übernachtungsmöglichkeiten in der Stadt München an. Bei der Affenhitze gehe ich jetzt fast jeden Tag zum Schwimmen an den Wolzensee. G hat heute mit ihren Kindern eine Dampferfahrt gemacht(hat die Stadt spendiert). Nick fand es aber schon nach 10 Minuten stinklangweilig. Am Donnerstag startet ein großes Kita-Piratenfest, aber da fahren wir ja schon nach Bayern. Lieb von Dir D, daß Du ein Mail nach Potsdam geschickt hast. Erika hat den Garten verkaufen können. Sie ist sehr froh darüber! Ihr freut euch sicher schon auf Dresden, stimmts? Wir melden uns Mittwoch- Abend noch mal! Am 15. Würden wir Euch gerne ein paar Stunden besuchen. Ich muß doch einen auf mein Geburtstag ausgeben und wir müssen uns endlich mal den neuen Schrank und die Bilder anschauen.

Bis dahin liebe Grüße!

W

Verehrter W!

Herzlichen Glückwunsch zu Deinem Jubiläum und zum Internationalen Umwelttag. Ich muß zugeben, daß ich gar nicht genau weiß, ob Du dieses Jahr Deinen 25. oder schon den 26. Geburtstag feierst, aber das spielt ja auch keine Rolle. Wie ich hörte feierst Du unter Palmen, was man sich natürlich gern gefallen läßt.

Wir machen uns am Pfingstwochenende auf zu einem Ausflug nach Dresden.

Am Sonnabend haben wir uns mal wieder die Cabruêra aus Campina Grande angesehen. Das heißt, Campina Grande haben sie inzwischen zugunsten von Rio verlassen, weil sie hoffen, das wäre ihrer Karriere zuträglicher.

Das Experiment, gemeinsam in einem Strandhaus in João Pessoa zu wohnen, haben sie wegen der üblichen WG – Nervereien und Streitereien aufgegeben. Diesmal haben sie im Pfefferberg gespielt. Die Organisatoren waren die gleichen wie beim letzten Mal, allerdings sind die Senatszuschüsse und Sponsorengelder wohl nicht mehr so üppig ausgefallen wie noch 2000.

Die Jungs waren schon seit einer Woche in Berlin, mußten aber statt im Hotel am Alexanderplatz bei Bekannten der Veranstalter in Kreuzberg unterkommen und hatten kein Geld, um sich die Stadt anzusehen. Sie sind den ganzen Tag zu Fuß herumgewandert, um das Geld für eine Fahrkarte zu sparen.

Einen Artikel über das Konzert kann ich Dir diesmal leider nicht mitschicken, die FAZ hat ihre Berliner Seiten eingestellt, außerdem hatte ich mich sowieso mit dem Musikredakteur verstritten, weil ich in einem Artikelentwurf angeblich Klischees über Brasilien verbreitet habe, wenn das mal nicht lächerlich ist. Die anderen Zeitungen veröffentlichen nur noch Artikel ihrer eigenen Redakteure, wie zu DDR-Zeiten werden die Papierkontingente gekürzt, diesmal weil die Werbewirtschaft nicht mehr zahlt.

Im Pfefferberg haben wir uns mit C getroffen und vorher noch ein Bierchen im dortigen Sommergarten geschlürft. Soweit ich mich erinnere, hatten sie die Halle vor geraumer Zeit wegen Sanierungsarbeiten geschlossen, wovon allerdings nichts zu sehen war, wahrscheinlich ist der Sanierungsplan dem des Palastes der Republik nachempfunden.

Als erstes trat eine Capoeira-Gruppe auf, die zwar einiges an Akrobatik zeigte, aber irgendwie nicht das richtige Feeling rüberbrachte, wie man es von brasilianischen Capoeiras kennt. Das Spiel mit dem Gegner, die angedeuteten Angriffe und Abwehrstellungen haben dort immer ein theatralisches Element und einen ausgeprägten Rhythmus, beides vermißte man an diesem Abend eher. Immerhin konnte ich angesichts eines der Tänzer Hoffnung schöpfen: Ich sah den fleischgewordenen Beweis, daß es auch muskulöse Bierbäuche gibt. Ich werde mich also demnächst einer Capoeira–Gruppe anschließen.

Vor Cabruêra spielte dann noch eine ebenfalls auch aus Nichtbrasilianern zusammengewürfelte Band, die brasilianischer Popmusik nachempfand.

Mit den neuen Songs von Cabruêra konnte ich mich ehrlichgesagt nicht so anfreunden, vielleicht liegt es auch daran, daß ich die alten Sachen inzwischen schon fast seit Jahrzehnten kenne. Schließlich habe ich zusammen mit C die ersten Proben an der Universität von Campina Grande miterlebt, das prägt natürlich.

Wenn sie im nächsten Jahr ihre neue CD rausbringen werde ich noch mal versuchen, mich mit den Veränderungen anzufreunden. Sie haben aber einen guten Teil aus dem Repertoire von 2000 gespielt, aber auch hier habe ich ein bißchen der Brachialität vermißt, was sicherlich auch daran lag, daß sie einen der zwei Perkussionisten wegrationalisiert haben.

Ich hoffe, Du läßt es Dir gutgehen

Bis dann

D

Hallo!

Wie schon am Telefon berichtet war unser Ausflug nach Dresden sehr schön. Am vorhergehenden Abend haben wir uns noch mit unserem kolumbianischen Freund Jorge getroffen. Er ist mit seiner Frau nach M gezogen und sie haben dort ein Haus gekauft. Er arbeitet als Touristenführer, allerdings macht sich die schlechte Stimmung in Deutschland auch dort bemerkbar: Die Touristenzahlen sind heruntergegangen und er muß um sein Auskommen kämpfen. Wir haben uns in der brasilianischen Kneipe Muvuca getroffen und ein paar Bierchen getrunken. Er war leider nur über Pfingsten in Berlin und wollte sich eigentlich auf dem Karneval der Kulturen mit uns treffen, aber wir waren ja in Dresden. Dort waren wir im Hotel „Königstein" untergebracht, das zwischen dem „Bastei" und dem „Lilienstein" schon als DDR-Interhotel existierte. Die Hotels sind vom im Umbau befindlichen Hauptbahnhof gut zu Fuß zu erreichen. Von außen her betrachtet hat sich der Situation dort wenig geändert. Die drei Plattenbauten stehen da wie eh und je, nur die Schilder einer großen internationalen Hotelkette sind neu. Auch die Umgebung hat sich wenig verändert. Gehwegplatten aus rot, gelb oder eben gar nicht eingefärbtem Beton wie wir sie im Produktive-Arbeit-„Unterricht" im Betonwerk Rathenow gegossen haben, zieren den Platz vor den Hotels. Die Papierkörbe bestehen traditionell aus dem gleichen Material. Auch die gleichen Springbrunnen, einer mit Kugeln und einer mit umgekehrten Pyramiden auf Stelzen als Wasserspender, stehen traurig trocken dort herum. Innen haben sie die Hotels allerdings vollkommen neu ausgebaut. Im Hotelfoyer hängen Fotos, die selbiges und die ganze Gegend unter Wasser zeigen. Wenn man die Strecke herunter zur Elbe läuft und sie von den

Brühlschen Terrassen aus da unten friedlich in ihrem Bett entlang fließen sieht, kann man sich kaum vorstellen, daß das Wasser soweit angestiegen ist, daß sogar der noch weiter entfernte Hauptbahnhof überschwemmt war. Außer den Bildern war von dieser Katastrophe nicht viel zu sehen. Wir schlenderten durch den Zwinger und verweilten in seinem Innenhof. Die Porzellansammlung August des Starken besichtigten wir: Die chinesischen Porzellane, die er sich von den portugiesischen Händlern bringen ließ, bis Böttcher um 1700 die Formel für dieses weiße Gold entdeckte und einige Jahrzehnte später die Meißner Manufaktur soweit war, die Gefäße und Skulpturen selbst brennen zu können und auch geeignete Farbstoffe für die Malereien und Glasuren gefunden waren.

In der Semperoper versuchten wir uns in die Atmosphäre während der großen Vorstellungen hineinzuversetzen, was angesichts der Besuchermassen etwas schwerfiel. Trotzdem beeindruckte die reichhaltige und doch nicht übertrieben pompös wirkende Ausstattung.

Im Albertinum begegneten uns die Hochwasserschäden dann in Form der dortigen Ausstellung under ground wieder. Die zuvor in den Kellergewölben gelagerten Depotbestände waren in die Ausstellungsräume verlegt. Die Skulpturensammlung glich einem Labyrinth aus nur mit einer Nummer beschrifteten Skulpturen und Abgüssen, alles einfach auf den Boden gestellt. Die inzwischen getrockneten Depoträume wurden zu besagter Ausstellung, wo Künstler diverse Licht- und Toninstallationen zeigten. Ein Turner an den Ringen zeigte auf der Leinwand seine Künste, während ihm seine griechischen und römischen Kollegen in Form antiker Statuen karg beleuchtet zusahen. Der Ton der knarrenden Seile und klappernden Aufhängungen

270

wurde verstärkt und intensivierte so den Eindruck von geballter Kraft. V fand dieses mit einem Moltonvorhang abgedunkelte Gewölbe mit den dort herausdringenden seltsamen Lauten natürlich unheimlich und kam nicht mit hinein. Genauso ein anderes Gewölbe, in dem die Statuen beim Eintreten mit Stroboskoplampen in Gewitterlicht gehüllt wurden. Das grüne Gewölbe, das demnächst in das in Restauration befindliche Schloß umziehen soll, hat auch V begeistert.

Die Frauenkirche ist noch zum Großteil eingerüstet, trotzdem ein eindrucksvolles historisches Ensemble. Allerdings ist es etwas abgeschnitten vom Rest der Stadt, der größtenteils aus Beton besteht. Der Dr.-Külz-Ring wirkt wie eine Schneise zwischen dem Einkaufs- und Hotelzentrum der Prager Straße und der Altstadt. Das Einkaufsgebiet auf der einen Seite stirbt nach Ladenschluß aus und die Altstadtinsel ist von Touristen überfüllt, ohne Platz für die Muße zu schaffen. Deshalb fehlt beidem ein bißchen Leben. An der Elbe gibt es keine richtige Promenade, kein Grün, keine Bank, sie ist von den Brühlschen Terrassen durch eine Straße getrennt und dümpelt einsam vor sich hin. Die dort befindlichen Kneipen sind erwartungsgemäß zum Überlaufen besucht. In diesen alten Mauern waren wir ein paarmal mehr oder weniger gut essen, einmal im Paulaner typisch bayrisch und gestern im Brazil „deutsch-brasilianisch". Wie sich herausstellte bedeutete dies, daß deutsche Phantasiekreationen unter brasilianischem Namen kredenzt werden. Es schmeckte aber trotzdem und es war sehr gemütlich am offenen Fenster zum Innenhof. Zumindest bis es sehr windig wurde und zu regnen anfing. Chaos entstand, als die Gäste aus dem Biergarten nach innen stürmten und gleichzeitig die Vorstellung in der Semperoper ein Ende fand und die Besucher mangels Alternative ebenfalls ins Brazil einkehrten. Unser Fenster mußte angesichts des Windes geschlossen werden und ich schlürfte noch ein paar Bierchen, bis der Regen nachließ, der insgesamt so spärlich ausfiel, daß er kaum in den trokkenen Boden eindringen konnte. Ansonsten war das Wetter am ganzen Wochenende sehr angenehm, nicht so heiß wie die Woche über in Berlin, aber trotzdem Dauersonne, von besagtem abendlichen Gewitter mal abgesehen.

Dann macht's gut, bis Sonntag

D

Hallo!

Es ist schön warm und Ihr liegt bestimmt den ganzen Tag mit Eurem Besuch am Semliner See.

So gut haben wir es nicht, vor allem V hat ganz schön zu tun. Außer der Erschöpfung geht es ihr aber gut. Bei uns auf der Arbeit ist nicht mehr viel los, die Teilnehmer gehen ab September in Ausbildung und Berufsvorbereitung, viele haben jetzt Urlaub und die anderen wenig Lust etwas zu machen. Ab September übernimmt das Arbeitsamt das Projekt, allerdings nur noch mit einem Drittel der Kapazität und natürlich auch weniger als einem Drittel des Personals. Wer das sein wird, wissen wir noch nicht. Nur, daß diejenigen dann nicht mehr als Pädagogen, sondern als Betreuer angestellt werden, ein Wortspiel mit dem man erreicht, daß man keinen Tariflohn mehr bezahlen braucht, denn Betreuer ist eigentlich kein Beruf und somit gibt es dafür auch keinen Tarifvertrag. Wir werden sehen.

Am Sonnabend waren wir beim Konzert von Daniela Mercury in der Columbiahalle. Der Saal war nicht mal zur Hälfte gefüllt, der hintere Teil und die Galerie mit Stoffbahnen abgehangen, um das Publikum nicht gar so verloren aussehen zu lassen. In Brasilien ist die Bahiana sehr bekannt, hier allerdings kaum. Deshalb waren auch meist Brasilianer im Publikum. Auf dem Weg zur Columbiahalle dachten wir schon, das Konzert würde ausfallen, da uns mehrere Gruppen Brasilianer entgegenkamen und zur U-Bahn zurückgingen. Aber die afrikanische Vorband hatte schon angefangen, den Abziehenden war wohl der Eintrittspreis von 33 Euro etwas zu happig, was ich im übrigen auch so empfand. Aber die Stimmung war super und vor allen V hat es sehr gefallen, mal wieder im brasilianischen Kulturkreis zu wandeln. Die Vorband holte eine Reihe Zuschauer auf die Bühne, die kräftig mittanzten, ganz anders als einmal bei Lenny Cravitz, der dann zwischen einem ratlosen Pulk stand und die ziemlich peinliche Situation erst aufgelöst wurde, als die Ordner die Zuschauer wieder von der Bühne drängelten.

Morgen habe ich einen Tag Urlaub genommen und stelle an der Uni mein Promotionsprojekt vor. Anschließend muß ich mich dann bei der Böckler-Stiftung um ein Stipendium bewerben.

Auch sonst habe ich schon ein paar Bewerbungen für pädagogische Betreuung von Berufsvorbereitung bzw. Ausbildung abgeschickt. Aber bei der derzeitigen Lage sind die wohl nicht sehr aussichtsreich. Auch habe ich noch kein Arbeitszeugnis, das werde ich erst Ende August bekommen.

Aber das wird schon alles. Seid froh, daß Ihr den ganzen Zirkus nicht mehr mitmachen müßt und genießt das Leben! Falls wir nicht mehr voneinander hören, wünschen wir Euch viel Spaß in München!

Beste Grüße

D

Moin.

Schade, daß Du letzten Freitag nicht konntest. Ich war nachmittags bei der Verabschiedung von B von der Uni. Er hat eine Rede über sein Leben als Berufsrevolutionär und Unidozent gehalten und seine alten Wegbegleiter und Studenten waren da, unter anderem auch mein Papa, also eine sehr illustre Runde. Wie gesagt war ich auch noch bei G im Prenzelberg. Wir haben letztlich im Mauerpark platzgenommen und ein paar Bierchen getrunken. Er wohnt in der Kastanienallee in einer Erdgeschoßwohnung, allerdings mit durch eine Sichtwand abgetrennter Terrasse und dahinter einem großen Hof, also wohl einigermaßen hell und ganz annehmbar. Ganz anders als die ebenfalls im Erdgeschoß gelegene Wohnung, die wir uns am Sonnabend bei Dir in der Nähe am Volkspark Friedrichshain angesehen haben: Zwei Zimmer zur Straße raus mit direktem Einblick für alle Passanten und ein Zimmer zum betonierten Minihof mit vergitterten Fenstern. Dafür wollten sie mehr als den Quadratmeterpreis, als wir jetzt bezahlen. Ich glaube wir bleiben doch noch eine Weile hier wohnen.

Am Mittwoch haben wir uns Chico Cesar im Tränenpalast angesehen. Er hat sich einiges von Cabruêra angeeignet und verdient angesichts seines größeren Bekanntheitsgrades wahrscheinlich einiges mehr damit, als die Jungs aus Campina. Im Tränenpalast existiert übrigens keine Lüftung geschweige denn eine Klimaanlage, weshalb die Temperaturen im Inneren um einiges über das brasilianische Klima hinausgingen. Wenn ihr da mal spielt und es ist Sommer, heißt es Handtücher mitnehmen. Was macht Eure CD? Wann treffen wir uns mal?

Bis dann
W

Hallo!

Alles klar in Halle? Hier ist es immer noch heiß und ich sitze möglichst wenig bekleidet vor dem Ventilator und warte bis es dunkel wird. Gestern rief C unerwarteterweise an und wir entschlossen uns, ihm einen Besuch abzustatten. Er mußte nämlich seine Wohnung hüten, denn S war unterwegs und er besitzt nur einen Wohnungsschlüssel. Cs Behausung machte einen sehr aufgeräumten Eindruck, was S, die später auch noch dazukam, nicht daran hinderte, seine Abwaschgewohnheiten ausführlich zu kritisieren. In seiner dubiosen Firma hat C aufgehört, die Methoden waren ihm wohl doch etwas zu hart. Die Entscheidung schien ihm schwergefallen zu sein.

G Olivier wächst immer noch fleißig und hält sich mit regelmäßiger Gymnastik fit. Der Name ist übrigens nicht nur wegen der schönen Initialen ausgewählt worden, sondern auch als Reminiszenz an Vs ehemaligen Familiennamen Oliveira zu verstehen. Den hatte sie abgelegt, um beim Leisten von Unterschriften weniger Lebenszeit zu vergeuden. In Brasilien mußte sie nämlich stets mit ihrem vollen Namen - V L S de O - unterschreiben. Inzwischen tut es ihr wohl doch ein bißchen leid, daß sie ihren Namen aufgegeben hat, was nun durch den zukünftigen Kindsnamen etwas ausgeglichen werden soll.

Alles Gute

Hallo!

Ich habe meinen Geburtstag gut herumbekommen. Wir haben vom Sonnabend hineingefeiert, V hat eine Maracujacremetorte gezaubert und sie mit 30 Kerzen verziert. Dazu haben wir ein Gläschen Sekt geschlürft, V darf ja nur einen Schluck trinken, ich habe mich dann dem Rest der Flasche gewidmet. Am Sonntag selbst sind wir schön an der Rummelsburger Bucht spazieren gegangen. Nach Eurem Anruf hat sich F noch überraschend gemeldet und gratuliert. Wir haben uns nett unterhalten. Er hat uns zu seinem Geburtstag am 3. Oktober in Rathenow eingeladen. Mal sehen, ob V es schafft. Die traurige Teilnahme an der Kreismeisterschaften im Tennis hat er auch bemängelt, er ist wohl Vereinsmitglied geblieben, obwohl er nicht oft in Rathenow ist. Mit dem SAP-Gehalt dürfte das auch kein Problem sein.

Am Montag habe ich dann bei der Arbeit Sekt und Kuchen ausgegeben. V hat es sich nicht nehmen lassen, noch mal zu backen. Der Kuchen kam bei den Kollegen gut an und auch den Sekt haben sie sich schmecken lassen, zu tun ist sowieso nichts mehr, unsere Teilnehmer haben wir großzügig beurlaubt, um uns voll und ganz auf die Abschiedsfeiern konzentrieren zu können. Am Abend kam noch G mit S und Tochter L vorbei, um nachträglich zu gratulieren. V hat für die Vegetarier eine Spinat-Käse-Torte gemacht. Die jungen (bald-)Mütter konnten sich über das Mutterdasein austauschen.

Am Dienstag holte mich V von der Arbeit ab und wurde sehr für ihren Kuchen gelobt. Gestern reisten wir dann zu einer Kollegin nach Bruchmühle, die sich in die Rente verabschiedet. Sie haben da ein schönes Grundstück, aber sonst ist natürlich nichts los in der Gegend, da erscheint Rathenow im

Vergleich als Kulturmetropole. Der Nachmittag und Abend waren jedenfalls sehr schön. Die Gastgeberin hat eine Tombola veranstaltet und ich habe einen Solartrockner gewonnen. Allerdings fehlt uns der Garten, in dem wir die Wäscheleine aufhängen könnten.

Morgen wartete nun die definitiv letzte Abschiedsfeier. Wir werden noch schön frühstücken und anschließend die gute alte Zeit begießen. Ich werde also demnächst wirklich Ruhe brauchen, um mich von den ganzen Feiern zu erholen, Zeit habe ich dann ja.

Am Sonntag hätten wir Zeit, zu einer kleinen Geburtstagsnachfeier in Rathenow vorbeizukommen. Wie sieht es bei Euch aus?

Beste Grüße

D

Hallo!

Aus Rathenow sind wir gut zurückgekommen, auch wenn der Zug nur bis zum Zoo gefahren ist und etwas verspätet war. Aber bei der Deutschen Bahn muß man ja froh sein, wenn der Zug überhaupt kommt.

Am Montag und Dienstag mußte ich zu einem Kurs vom Arbeitsamt. Das machen auch freie Träger und die Dozentin hat es eigentlich ganz gut gemacht, aber viel neues hat sie mir auch nicht erzählen können, zumal ich ja auch zwei Jahre in dem Bereich gearbeitet habe. Angekündigt war das Ganze als „Profiling", einer dieser neumodischen Begriffe, der in erster Linie verbergen soll, daß einem auch nichts wirklich neues einfällt. Es soll soviel bedeuten wie ein berufliches Profil von jemandem erstellen. Das sah dann so aus, daß man uns eine Liste von Stichworten vorlegte, aus denen wir 13 aussuchen durften, die dann in den Arbeitsamtcomputer eingehackt werden. Da stehen dann jetzt bei mir so aussagekräftige Sachen wie Betreuung – Beratung – Sozialpädagogik – Jugendliche – Microsoft Word ...

Heute haben wir noch Eure Schmorgurken verspeist und uns anschließend den „Fluch der Karibik" im Kino angesehen. Sehr unterhaltsam, lustige Gestalten und schöne Effekte.

Gerade haben wir uns noch eine Wohnung angesehen, aber Küche und Bad waren noch kleiner als Eure und hatten beide kein Fenster zu bieten. Wir werden wohl vorerst in der Grünberger Straße bleiben.

Bevor Ihr Euren Videorecorder einpackt, trennt ihn mal zwei-drei Tage von Netz und Antenne und versucht es dann noch mal. Manchmal hilft das.

Beste Grüße

D

Hallo,

also ich habe noch einmal um eine Woche verlängert, das heißt, am Fr. ist mein letzter Arbeitstag. Am Sonntag fahren wir dann für ein paar Tage nach Rügen. Ok, das Badewetter ist vorbei, aber Insel und Natur und wenn es nur nicht die ganze Zeit regnet, dann wäre ich schon hochzufrieden. So oder so freue ich mich. Danach will S wieder mit ihrem Magister anfangen. Will sagen, daß ich die Kleine jeden Tag circa 3 Stunden ausführe. Spazieren gehen, wenn es das Wetter erlaubt. Und wegen dem Marathon nun jeden Tag laufen. Dem Ehrgeiz zuliebe. Zeitlich wird das Wochenende nach unserer Ankunft am besten sein, um sich zu treffen. Wir kommen am Fr., den 12.09. zurück, vielleicht dann ein Treffen am Sa. oder gerne auch So., vielleicht zu einem kleinen Bummel über den Boxhagener Platz (Flohmarkt)? Wäre doch ganz nett, oder?

Schönen Gruß

W

Hallo!

Von Euch ist ja E-Mail-technisch nicht mehr viel zu hören. Meine Unterlagen für das Promotionsstipendium habe ich abgeschickt. Der Antragstext ist im wesentlichen so geblieben, wie er ihn letztens korrigiert habt. Mit allen Unterlagen in dreifacher Ausführung wurde das ein Paket von fast einem Kilo Gewicht. Eine sehr umfangreiche Bewerbung also. Ich werde auch weiter auf dem Berliner Arbeitsmarkt probieren, aber allzu rosig sieht der im Moment nicht aus. Bei der Böckler-Stiftung fällt die Entscheidung erst Ende Dezember, bis dahin muß ich mich dort noch allen möglichen Gremien vorstellen. Irgendwann verbringen wir mehr Zeit mit dem Bewerben als mit der Arbeit selbst.

Am Mittwoch haben wir bei Ikea eine Kommode für Gs Sachen gekauft. Gestern haben wir ihm sein Bettchen geholt, das wir mit den öffentlichen Verkehrsmitteln transportierten, um satte 50 Euro Lieferkosten zu sparen. Bei Ikea nehmen sie 10% des Warenwertes, das geht immer noch. Aber das Bett haben wir in einem Laden in Hellersdorf geholt, weil V von ihrer Chefin einen Gutschein zur Babypause bekommen hatte. Deshalb lassen sich meine Arme heute nur schlecht bewegen, auch wenn V schon eine kleine Massage gemacht hat. Nichtsdestotrotz haben wir die Sachen schon aufgebaut und unser Schlafzimmer hat sich in eine Schlafnische verwandelt.

Diese Woche haben wir uns „Hollywood Cops" im Kino angesehen. Die Ausschnitte, die im Vorfeld gezeigt wurden, deuteten zwar auch nichts gutes hin, aber bei Harrison Ford, da muß V natürlich ins Kino. Der Film war dann sehr witzig gemacht, die im Trailer gezeigten „Verfolgungsjagden" waren eigentlich eher eine Parodie auf die sonst üblichen Actionszenen.

Gestern waren wir im Sony-Center am Potsdamer Platz. Einer Bekannter von uns tanzte dort zu brasilianischer Musik. Leider durfte jede Band nur einen Titel spielen, weil sie das Live in die Abendschau hineingeschnitten haben. So mußte man sich über die Videoleinwand ständig die Abendschau ansehen, bevor nach einer Viertelstunde mal wieder die nächste Band ihren Titel spielen durfte. Wir haben uns dann auch bald verzogen und lieber noch ein Glas Wein auf unserem Balkon getrunken. Nächstes Wochenende fahren wir nach Springe zu einer Tagung der Böckler-Stiftung. Vielleicht komme ich am 3. Oktober zu Fs Geburtstag nach Rathenow. V wird wohl nicht mitkommen, das ist ihr zu anstrengend.

Beste Grüße

D

Hallo!

Die weniger schöne Nachricht gleich am Anfang: V ist diese Nacht (erst mal nur zur Beobachtung – also kein Grund zu übertriebener Sorge!) im Krankenhaus. Ihre Ärztin hat sie wegen geschwollener Beine und erhöhtem Blutdruck dort einliefern lassen. Ich habe heute den ganzen Tag dort mit ihr verbracht und sie machen regelmäßig Untersuchungen, haben aber bis jetzt nichts auffälliges gefunden und V ist deshalb zuversichtlich, bald wieder entlassen zu werden.

Vielen Dank für euren Brief, der uns gestern erreicht hat. Abends sind wir aus Springe zurückgekommen. Ich hoffe, daß nicht die Fahrt zu anstrengend für V war, aber sie wollte mitkommen, um nicht das ganze Wochenende alleine zu sein. Jetzt muß sie doch mindestens eine Nacht alleine verbringen. Morgen werde ich sie natürlich wieder besuchen. Die Böckler-Stiftung hatte ihre „Altstipendiaten" eingeladen und in Hinblick auf mein mögliches Promotionsstipendium bot es sich natürlich an, teilzunehmen, auch wenn mich das Thema, eine „Netzwerkbildung" unter den ehemaligen Stipendiaten weniger interessierte. Diese sogenannten Netzwerke sind jetzt in allen Bereichen in großer Mode, nur muß man ihnen oft die Nützlichkeit absprechen und auch funktionieren sie nur selten. Jedenfalls habe ich ein paar ganz nützliche Informationen erhalten, so daß die Böckler-Stiftung verstärkt Promovenden sucht, die anschließend an die Universitäten gehen wollen, weil ihnen die Vertrauensdozenten langsam ausgehen. Leider gibt es zur Zeit auch die kuriose Situation, daß sie mehr Bewerber für ein Promotionsstipendium haben, als für die normale Studienförderung. Ich werde also Glück brauchen, um dort angenommen zu werden.

Studenten hingegen kann man empfehlen, sich zu bewerben, da fast alle gefördert werden dürften.

Wir haben am Freitag einen Ausflug nach Hameln unternommen (hat Euch unsere Karte erreicht?). Zwischendurch haben wir in Springe einige schöne Waldspaziergänge gemacht, vielleicht war das doch schon zu viel für V. Obwohl wir uns eigentlich viel Ruhe gegönnt haben und die frische Waldluft dürfte sich eigentlich auch nicht zum Schlechten ausgewirkt haben. Das wird schon wieder.

Wir melden uns dann, wenn V wieder entlassen ist.

Beste Grüße

D

Hallo!

Heute haben wir G zum Mittagessen zum Inder ausgeführt. Er hat davon glücklicherweise nicht viel mitbekommen und hat die ganze Zeit geschlafen, weshalb wir einigermaßen in Ruhe essen konnten. Eurer Kinderwagen ist also das erste Mal richtig zum Einsatz gekommen. Nochmal vielen Dank für das Geschenk! Das war ein komisches Gefühl: Wir beide uns selbst beim Wagenschieben beobachtend. Aber das wird bestimmt bald zur Routineübung. Schade ist nur, daß V tagsüber nicht alleine rausgehen kann, weil es zu schwer ist, den Wagen herunterzutragen. G hat heute seinen ersten Brief bekommen, in dem ihm die Krankenkasse seine Versichertenkarte schickte. Das haben sie ganz niedlich gemacht, nicht den üblichen Standardbrief „Sehr geehrter Herr D..." geschickt, sondern den Lieben G angesprochen und ihm erklärt, daß seine Eltern für ihn die Karte unterschreiben werden.

Morgen Nachmittag will C mal kurz vorbeikommen. Sie haben ihre neue CD an alle möglichen Plattenfirmen verschickt und hoffen nun, entdeckt zu werden. Ich fürchte, das wird nicht so einfach sein. Ich habe ihm gesagt, sie sollen doch mal ein paar Konzerte machen, um für sich zu werben, aber daran scheinen sie nicht interessiert zu sein. Sie warten ab, aber ich kann mir nicht vorstellen, daß etwas passiert. Eigentlich hätten sie Zeit, etwas zu organisieren. C hat seinen Job im Callcenter aufgegeben. Die Methoden waren auch ziemlich dubios. Sie haben am Telefon Leuchtstoffröhren verkauft und die Materialdisponenten der Firmen mit großzügigen Geschenken bestochen, damit sie ihnen den Zuschlag geben. Irgendwann mußte die Firma in einer Nacht- und Nebel-Aktion umziehen, weil der Chef die Miete und Telefonkosten nicht mehr bezahlen konnte oder nicht wollte. Mit ehemaligen

Mitarbeitern gab es ein Redeverbot, warum kann man sich denken.

Bei mir läuft die Arbeit gut, man weiß nur wie immer nicht, wie lange es geht. Wir haben jetzt eine ABM-Kraft dazubekommen. Vielleicht kann der Sportbund auch eine Stelle für T beantragen. Einen Versuch wäre es wert. Die Beantragung dauert hier in Berlin etwa drei Monate, wahrscheinlich geht es in R auch nicht schneller. Sie sollten also schon mal einen Antrag stellen, solange T noch im Praktikum ist. Das Konzept mit Aufgabenbeschreibung und was sie noch haben wollen, kann er ja selbst schreiben, der Sportbund muß es dann nur unterschreiben und einreichen.

Beste Grüße

D

Hallo!

Danke für Euren Brief mit dem schönen Artikel über das David-Bowie-Konzert und den Fotos von unserem Dicken. Das Konzert war wirklich super, der Artikel gibt es viel besser wieder, als der in der Berliner Zeitung.

Heute haben wir G wieder ausgeführt. Den Ostbahnhof haben wir ihm gezeigt und haben mir im Kaufhof eine neue Matratze gekauft. Meine alte ist nach vier Jahren schon ziemlich durchgelegen, man merkt die Federn schon in den Knochen. Diesmal habe ich mal etwas mehr in eine Marken-Latexmatratze investiert, mal sehen ob's hilft.

Gs ersten Lebensmonat haben wir mit einer Torte gefeiert, die er natürlich nur indirekt in den Magen bekommt, aber immerhin.

Am Dienstag hat er seine U3, die dritte Untersuchung beim Kinderarzt. Mal sehen wieviel er da wiegt, seine Froschbeine sind jedenfalls schon einem gesunden Babyspeck gewichen.

C war am Sonntag hier, seine Firma hat ihm nichteinmal die letzten beiden Gehälter gezahlt, das war ja zu erwarten, so wie er immer erzählt hat.

Mit B habe ich telefoniert, vielleicht kommt er auch irgendwann mal vorbei, um sich "Emilio" anzusehen.

Beste Grüße von

D

Hallo W!

Alles recht kompliziert mit Deinem Visum, die brasilianische Bürokratie ist auch nicht ohne. Ich hoffe, die Informationen von der Botschaft, die ich Dir geschickt habe, helfen Dir weiter und Du kannst das alles in Brasilien regeln. Ich mußte wegen meines Studentenvisums nochmal nach Argentinien ausreisen, weil das im Lande selbst nicht zu bekommen war. Ein schöner Buenos-Aires-Urlaub ist allerdings auch sehr zu empfehlen.

Wir bekommen wohl jetzt eine 3-Zimmerwohnung hier bei uns in der Gegend. Sie ist für Berliner Verhältnisse nicht ganz billig, aber wir wollen hier im Studentenviertel bleiben, das inzwischen nicht mehr so billig wie vor zehn Jahren ist, als ich hier hergezogen bin. Die in den meisten anderen Gegenden verbreitete prollige Doofheit, die hier als "Berliner Charme" verharmlost zu werden pflegt, zieht uns nicht gerade an. Am verbreitetsten sind die verrohten Umgangsformen im Alltag wahrscheinlich in meinem Arbeitsgebiet Marzahn-Hellersdorf. Obwohl es dort sanierte Wohnungen zu merkbar geringeren Mieten gibt, möchte man sich das nicht antun. Außerdem ist das Umfeld auch ziemlich abschreckend. Die neue Wohnung hat auch wieder einen Balkon, diesmal zum Hof, auf dem G buddeln kann und wir genießen oben gemütlich ein Bierchen und behalten ihn im Blick. Aber das wird fürchte ich noch ein bißchen dauern.

Jetzt mußte ich erstmal Gs gesamte Garderobe wechseln, da die Windel die Wassermassen nicht aufzuhalten vermochte.

Zurück zu Marzahn-Hellersdorf: Aus den dahingeklotzten Betonmassen ist einfach keine städtische Atmosphäre gewachsen. Ein großes Einkaufszentrum "Helle Mitte" haben sie nach der Wende hineingesetzt, der Rest ist Schlafstadt geblieben oder nochmehr geworden. Durch das Einkaufszentrum haben sogar einige der ehemaligen "Kaufhallen" zumachen müssen, die nach der Wende von Plus, Kaisers und Co. übernommen worden waren. An den Eingängen der verbliebenen Einkaufsstätten wird man wetterfesten Biertrinkern begrüßt, die versuchen ihre herumstreunenden Hunde unter Kontrolle zu behalten. Jetzt wo es nach Arbeits-schluß schon dunkel, naß und neblig ist, ein sehr unangenehmer Nachhauseweg.

Aber wie gesagt, wir bleiben hier im Kietz, der allerdings zu dieser Jahreszeit auch nicht übermäßig gemütlich ist. Ein paar Monate Brasilien wären nicht schlecht und wir beneiden Dich etwas, daß Du im Januar dort bist.

Beste Grüße

D

Hallo D,

tut mir leid, daß ich mich erst heute melde. Gleichzeitig freue ich mich, daß ihr bereits eine neue Wohnung gefunden habt. Teile mir bitte rechtzeitig mit, wann der Umzug geplant ist. Anscheinend wohl Ende des Jahres. Ich hoffe, daß ich dann in Berlin bin. Alles läuft darauf hinaus, aber hundertprozentig sicher bin ich noch nicht. Irgendwie bin ich zur Zeit gerade dabei, mein Leben ein wenig neu zu ordnen. Die Kleine nötigt mich dazu, was ich ihr aber keinesfalls übel nehme. Ich gehe (fast) täglich 3 Stunden mit ihr spazieren, was sicher keine besondere Leistung ist, aber es kostet halt einfach viel Zeit. Und Mittwoch abend mache ich quasi Babysitten, damit auch S einmal ins Kino oder so gehen kann. Zusätzlich arbeite ich circa 20 Stunden die Woche bei der lieben Post. Außerdem muß ich mich ständig mit S absprechen, d.h., ich bin gezwungen, Termine und Verabredungen einzuhalten. Irgendwie finde ich das sehr anstrengend, obwohl es dinge sind, die eigentlich selbstverständlich sein sollten. Bei dieser Gelegenheit habe ich gemerkt, daß es mit meiner Verläßlichkeit (privat und beruflich) bisher wirklich nicht weit her war. Ich hoffe, daß sich das wieder ändert. Aber über all das erzähle ich dir am liebsten einmal persönlich, vielleicht schon in der kommenden Woche. Wenn du Lust (und Zeit) hast, komme ich nächste Woche einmal gegen Abend bei euch vorbei. Ab wann bist du denn immer zuhause? Vielleicht können wir ja den Freitag ins Visier nehmen. Schönen Gruß und bis Bald und Gruß an V und den Kleinen.

W

Hallo W!

Na, bist Du schon mit Gedanken in Brasilien? Wann fährst Du denn im Januar? Wir werden am 29. umziehen und also das schöne Weihnachtsfest beim Kistenpacken verbringen. Für unsere alte Wohnung suchen wir noch einen Nachmieter, aber wir haben die Besichtigungen jetzt erst mal eingestellt, bis wir aus der Wohnung raus sind. Dann werden wir die üblichen Sonntags-Massenbesichtigungen machen. Jetzt haben laufend Leute angerufen und wollten spezielle Termine haben, um sich dann ausgiebig die Wohnung anzusehen und schlaue Sprüche abzulassen. Letztens hat uns einer erzählt, daß er denkt, wir haben Stromleitungen aus Alu und die würden ja so warm werden, wenn man die Waschmaschine anschließt. Solche Gespräche interessieren einen natürlich brennend, wenn man gerade von der Arbeit gekommen ist und sich eigentlich ein bißchen mit G beschäftigen will. Es kamen auch schon mehrere Leute, deren Handys dann hier klingelten und die auch ganz in Ruhe ihre Verabredungen für die Kinopremiere von Herr der Ringe durchdiskutierten. Einfach nervig.

Ich bin heute abend mit unserem G alleine, V ist von ihren Chefs zum Essen eingeladen. Er hat gerade vor zwei Stunden etwas zu essen bekommen und macht schon wieder Anstalten, sich auf die nächste Mahlzeit einzustimmen. Er wedelt dann immer mit den Armen und macht nervöse Hechel- und Schluckgeräusche.

Beste Grüße

D

Ihr lieben,

ich habe gerade Mutter das Donnerstag-E-Mail gezeigt und nutze gleich die Möglichkeit zur Antwort.
Ich habe während des Schulaufenthaltes nachmittags immer mal in Ms Post geschaut, er wunderte
sich dann über die schon geöffneten Mails. Ich
freue mich schon auf Euch und hoffe, daß ich G
nun auch mal sehen kann. Der folgende Text ist
von Mutter:

Danke für die E-Mails. Wir hoffen, Ihr seid gesund
und munter (trotz der vielen Arbeit)und es klappt
mit Eurem Besuch! Wann würdet Ihr kommen? Ich
hole ein Windelpaket, dann müßt Ihr die nicht auch
noch transportieren! Wenn Ihr eine bestimmte
Marke bevorzugt, schreibt uns die, ja! Weihnachts-
geschenk ist Euer Besuch! Wir sind schon ganz
aufgeregt, G das erste Mal bei Oma und Opa! Unser
Kunstbaum bleibt dieses Jahr im Keller, G soll einen echten Baum an seinem ersten Weihnachtsfest
sehen! Wir denken oft an Euch und Euren bevorstehenden Umzug! Im nächsten Jahr haben wir das
dann vor uns! Ansonsten ist bei uns alles in Ordnung, meiner Schulter geht es wieder gut und ich
kann heute kegeln, wir verjubeln anschließend unsere Pumpenkasse. Bis zum 5.Januar habe ich jetzt
frei, dann erfolgt der Endspurt bis April! Ich werde
mich wohl mit einem lachenden und einem wei-
nenden Auge verabschieden. Drückt Euren Schatz
und erzählt ihm, wie sehr wir uns auf ihn freuen!
Natürlich auch auf Euch! Bis bald!

W

Hallo!

Vielen Dank für Eure Karte, treffen wir uns am kommenden Sonntag, oder war die Karte zu spät und Ihr ward schon gestern in Berlin? Wir sind inzwischen fast vollständig eingerichtet, nur ein paar kleine Details, die nicht so einfach zu lösen sind fehlen noch. So machen es die Badwände aus Gipsplatten schwierig, eine Konstruktion für einen Duschvorhang anzubringen. Solange gibt es wie bei Euch eine kleine Überschwemmung, wenn die Badewanne zum Duschen genutzt wird.

Das größte Manko ist, daß es die Telekom immer noch nicht geschafft hat, unser Telefon anzuschließen. Wenn man dort anruft, landet man in irgendeinem Callcenter, wahlweise in München oder Bielefeld, wo sie den Auftrag zwar im Computer sehen können, aber warum er noch nicht ausgeführt wurde, darüber erhält man keine Information. Schon gar nicht braucht man sich nach einem Termin der Ausführung erkundigen. Bei meinem letzten Besuch haben sie mir erklärt, im Friedrichshain würden jetzt gerade die vor wenigen Jahren verlegten Glasfaserkabel wieder herausgerissen und durch Kupferleitungen ersetzt, weil man festgestellt habe, die seien doch besser. Kein Wunder, daß die Aktien dieser Firma nichts mehr wert sind. Ein Kumpel hat mir letztens eine E-Mail geschickt, in der zwei „Anleger" verglichen wurden, die vor anderthalb Jahren jeweils tausend Euro in Telekomaktien bzw. in etliche Kästen Krombacher Pils „investierten". Der Biertrinker konnte sich in den letzten 18 Monaten jede Woche einen Kasten Krombacher genehmigen, hatte etliche Quadratmeter Regenwald gerettet und das Leergut, das sich in dieser Zeit angesammelt hat, ist zur Zeit mehr Wert als die Telekom-Aktien, die der andere Jahren gekauft hatte. Am Sonnabend haben wir jetzt sogar eine Rechnung der Telekom erhalten, wo sie schon mal ganz frech die Grundgebühr für den gesamten Januar berechnen. Lachen oder Weinen?

T und M waren Anfang des Jahres überraschend hier. Sie hatten wohl bei Euch angerufen, um unsere Telefonnummer herauszubekommen, haben sich dann aber angesichts der fehlenden Möglichkeit zur Kontaktaufnahme zu einem Spontanbesuch entschlossen. M weigert sich immer noch energisch, gedanklich ins Reich der Erwachsenen einzutreten. Das macht ihn natürlich sehr sympathisch. Allerdings scheint es ihm immer weniger zu gelingen. Richtig glücklich sah er jedenfalls nicht aus. Er kämpft anhaltend mit seinem Vermieter, um sich seine Studentenbude zu erhalten, während ein Großteil der anderen Mieter schon aus dem Haus ausgezogen ist. Da wird es zunehmend schwieriger, sich als Robin Hood zu fühlen, denn letztlich führt man nur einen schriftlichen Kleinkrieg um juristische Winkelzüge. Da sind bei mir doch inzwischen andere Sachen wichtiger geworden, das Hickhack mit der Telekom reicht mir schon aus. Cs CD habe ich den beiden auch vorgespielt, worauf M anerkennende Bemerkungen machten, allerdings mit der Einschränkung, das wäre eher so Musik für Leute so ab 30. Als ihn T darauf aufmerksam machte, daß diese Altersstufe bei ihm unmittelbar bevorsteht, korrigierte er seine Aussage auf 40jährige. Ich schicke ihm die CD von C zusammen mit einigen anderen meiner aktuellen Lieblingsscheiben und einem Zettel „Musik für 30jährige".

Bei dieser Gelegenheit fällt mir ein, daß wir nach unserem Umzug ein paar neue Komponenten für unsere IKEA-Möbel gekauft haben. Das Holz ist je nach Anschaffungsdatum der Hauptteile mehr oder weniger heller. Schon komisch, daß man gerade an

IKEA-Möbeln ablesen kann, wieviel älter man geworden ist.

Der junge Assistenzarzt T hat sich von seiner Freundin getrennt und sieht seine kleine Telsa jetzt nur noch unregelmäßig. Sein Vertrag läuft auch im August aus und er schien mir darüber auch ziemlich verunsichert zu sein. So ganz spurlos geht diese Unsicherheit wohl doch an keinem vorbei, auch wenn wir uns daran eigentlich gewöhnen müßten. Vielleicht ist es auch weniger die finanzielle Unsicherheit, die sich ja immer noch in Grenzen hält, als das Gefühl jederzeit ausgetauscht werden zu können.

Am Freitag waren wir mit G beim Arzt und er hat seine erste Impfung bekommen, ein Cocktail, der ihn gegen sechs teils hierzulande schon ausgerottete Krankheiten immunisiert. Man hat Angst vor der „Wiedereinschleppung". Beim Spritzen selbst hat er zwar geschrieen und war auch danach noch eine zeitlang mufflig, ansonsten scheint es ihm aber nichts ausgemacht zu haben. Das angekündigte Fieber ist ausgeblieben. In vier Wochen ist er schon wieder dran. Das tut einem mehr weh, als wenn man selbst der Patient wäre und das obwohl ich ja auch auf Kriegsfuß mit jeder Art Kanüle stehe.

Ich habe jetzt wieder Zeit zum Lesen. Ich beende jetzt endlich mal meine über die Zeit gekauften Romane, gerade habe ich Mikrosklaven von Douglas Coupland endlich zu Ende gelesen, jetzt habe ich „Sherlock Holmes in Rio" von Jo Soares angefangen, der zum Ende der brasilianischen Kaiserzeit spielt, sehr spannend und amüsant geschrieben.

D

Hallo!

Heute haben wir endlich eine „Bestätigung meines Auftrages vom 10.12." bekommen, in der die Telekom tatsächlich ankündigt, unser Telefon am 10.02. anzuschließen. Da muß man sich jetzt wohl freuen und sich einreden, daß man der Telekom damit einen Moment der Freude verdankt, den man nicht gehabt hätte, wenn Sie wie angekündigt die Leitung direkt von der alten in die neue Wohnung umgeschaltet hätten.

Das nennt man dann „positive thinking" und ist wahlweise in Telekom-internen Fortbildungsseminaren oder von den Beratern des Herrn Gerster zu erlernen.

Habt Ihr Lust am Sonntag so gegen 13 Uhr herzukommen? Wir würden Euch gerne unsere neue Wohnung zeigen. Jetzt ist sie soweit fertig, außer daß wir immer noch keinen Keller haben und noch ein paar Sachen herumstehen, die eigentlich in die Katakomben eingelagert werden sollten. Den Keller hat sich jemand anderes aus dem Haus angeeignet und der Hausmeister hat sich nicht bewegt, bis wir jetzt die Miete gekürzt haben, da hat er unten einen Zettel angepinnt, daß der Keller doch geräumt werden solle. Der Erfolg ist zu bezweifeln.

Uns dreien geht es jedenfalls gut, G hat sich an meine Anwesenheit gewöhnt und will öfter mal bei Papa bleiben. Er fängt jetzt an, nach allem zu greifen und daran zu kauen, aber das werdet Ihr ja am Sonntag merken.

Ich bewerbe mich jetzt wieder, aber die Stellenanzeigen sind rar. Vielleicht holt mich der alte Verein ja zurück, wenn sie mal ein neues Projekt an Land ziehen. Im Moment sieht es aber nicht danach aus. Über mein Stipendium entscheidet die Böckler-Stiftung jetzt erst im März, weil ihr Vertrauensdozent das Gutachten nicht rechtzeitig eingereicht hat. Wenn die mich wirklich aufnehmen, wird sich mein „gesellschaftliches Engagement" erst mal darauf konzentrieren, das Aufnahmeverfahren der Stiftung schlanker, schneller und nachvollziehbarer zu machen.

Alles Weitere dann am Sonntag,
beste Grüße

Hallo W!

Haben sie Dich ausgeraubt oder dachte Dein Vermieter, Du kommst nicht wieder?

Wir sind froh endlich wieder Telefon zu haben. Ich muß mich jetzt wieder bewerben und das ist ohne Telefon schwierig. Viele Stellen gibt es zur Zeit nicht, immerhin ein paar. Im März werden sie über mein Promotionsstipendium entscheiden. Professor R aus D hat jetzt nach fünf Monaten sein Gutachten über meinen Antrag fertiggestellt und der Promotionsausschuß der Böckler-Stiftung kann auf seiner nächsten Sitzung eine Entscheidung fällen.

Ich will mich auch beim DED bewerben, die haben ja auch immer Projekte in Brasilien. Letztens habe ich versucht vom Arbeitsamt einen Aufenthalt in Brasilien zwecks Stellensuche spendiert zu bekommen.

Leider funktioniert das nur innerhalb der EU. Ich habe ihnen jetzt vorgeschlagen, in Brasilien eine "betriebliche Trainingsmaßnahme" zu machen, die das Arbeitsamt normalerweise finanziert. Das ist im Prinzip nichts anderes als ein Probearbeiten bei einer Firma, während das Arbeitsamt das Arbeitslosengeld weiterbezahlt.

Aber auch das geht wahrscheinlich nur in europäischen Gefilden. Jedenfalls können sie nicht sagen, ich hätte mir keine Gedanken über die Jobsuche gemacht. Mein Arbeitslosengeld haben sie übrigens auch falsch berechnet. Wir haben auch Wohngeld beantragt, eine Antwort auf den Antrag läßt auch da auf sich warten. Meine Anträge werden offensichtlich immer sehr gründlich bearbeitet, ob es sich dabei nun um Telefon, Stipendium oder was auch immer handelt.

G hat die 7-Kilo-Marke überschritten. Er macht uns viel Freude. Er ist ziemlich fremdenfeindlich geworden, zumindest wenn die "Fremden" wie mei-

ne Eltern oder andere Besucher ihn auf den Arm nehmen wollen. Dann formt sich die Unterlippe zur Tellerlippe und es wird krachgeschlagen.
Beste Grüße
D

Hallo!

Vielen Dank für Euren Brief! Freut mich, daß es mit dem Film doch noch klappt, auch wenn es eine Weile dauern wird. Zum Geburtstag wird es da natürlich nichts mehr. Aber um so länger bleibt die Vorfreude erhalten. Gestern waren N und E hier.

V hat ihren brasilianischen Kokosfisch gekocht. G war wiedermal ziemlich fremdenfeindlich und hat gleich angefangen zu schreien als N ihn auf den Arm genommen hat. Bei Vs Chefs hat er das genauso gemacht. Die waren mit ihren zwei Kindern hier, da war mächtig Trubel in der Wohnung. Gs Spielsachen wurden durcheinandergewirbelt und wir haben gemerkt, daß wir in der Wohnung noch einiges umräumen müssen, wenn G anfängt zu laufen.

Letzte Woche war C hier, wir haben einen Kasten Bier ausgetrunken und über den grauen Berliner Winter philosophiert. Nächsten Sonntag kommt R mit den Kindern her. Wann trefft Ihr Euch denn wieder mit B im Yorckschlößchen zum Jazz? Mein Arbeitslosengeld haben sie nach meinem Widerspruch jetzt richtig berechnet, wir kommen also erst mal aus. Ich hoffe natürlich trotzdem, bald etwas neues zu finden, aber im Moment sieht es nicht doll aus.

Gestern habe ich unserem brasilianischen Freund R bei seinem Promotionsprojekt geholfen, mit dem er sich bei der Böll-Stiftung bewerben will. Ich habe dort auch mein Projekt eingereicht, da es bei Böckler nicht vorangeht.

G schläft jetzt in seinem eigenen Bettchen in unserem Zimmer unter Eurem Spieluhr-Mobile. Wenn wir es anmachen, guckt er ganz interessiert, wie die Bärchen an ihm vorbeiziehen. Er bekommt jetzt seine erste feste Nahrung: Möhren oder Spinatbrei. In Vs Babyratgebern stand, daß die Babys den Brei

zuerst meistens ausspucken. G aber hat nur kurz den Geschmack getestet und dann losgemampft und als die Ration aufgebraucht war, hat er noch die Reste aus dem Sabberlatz gelutscht.
Beste Grüße
D

Aus unserem Verlagsprogramm

Spectators Story
_____

Suicide Letters

Geschichte, Geschichten und Gedichte sowie Briefe 1998 bis 1999 der Spectators of Suicide

in sechs Bänden

herausgegeben von Estevão Ribeiro do Espinho

im Taschenbuch-Format
je EUR 9,99

Die Band "Spectators of Suicide" entstand Mitte der 80er Jahre aus Mitgliedern der Gruppen "Marx-Lovers" und "Null?Nie!Wo?". Das vorliegende Werk ist nicht nur Zeugnis der Geschichte dieser Ausnahme-Band, sondern auch der Gedanken einer in der DDR erzogenen Generation zu Macht, Politik und den Umwälzungen in der Welt der digitalen Medien zur Zeit der Jahrtausendwende.